Impara lo Spagnolo Leggendo dei Brevi Racconti: 10 Storie in Spagnolo e Italiano, con gli Elenchi dei Vocaboli

ISBN: 9798613541997
Pubblicazione: Autoedizione

Introduzione

Ci sono molti modi per immergerti completamente nel spagnolo: prendere lezioni di spagnolo, guardare film o serie TV coi sottotitoli spagnolo, seguire corsi online, unirsi a una comunità in cui si parla spagnola viaggiare in un paese di lingua spagnola, leggere libri…

Questo libro ti propone un modo semplice ma efficace per imparare il spagnolo attraverso storie per principianti (livello A1 e livello A2).

Questo libro ti aiuterà a:

1. Imparare nuovi vocaboli
2. Apprendere nuove espressioni su argomenti specifici
3. Imparare il vocabolario della vita quotidiana, usato per comunicare con le persone attraverso i dialoghi
4. Imparare alcune frasi tipiche utilizzate frequentemente nei dialoghi in spagnolo
5. Correggere e/o migliorare la tua pronuncia coi file audio
6. Migliorare le tue capacità di comprensione attraverso l'ascolto
7. Semplicemente migliorare il tuo spagnolo, qualunque sia il tuo livello di padronanza

Le storie sono principalmente in presente indicativo in spagnolo, in modo che i lettori possano apprendere più facilmente le basi della lingua attraverso i testi.

Ricorderete che il presente è utilizzato per fare descrizioni e affermazioni e per mettere in relazione fatti che accadono in un momento attuale.

Come utilizzare questo libro per migliorare il tuo spagnolo.

1 - Leggi la storia senza guardare la traduzione col vocabolario. Cerca di capirla nel suo complesso.

2 - Leggila una seconda volta.

3 - Cerca di capire ogni frase del paragrafo.

4 - Leggi di nuovo la storia prendendo nota delle parole o del gruppo di parole che non capisci

5 - Guarda la lista dei vocaboli.

6 - Prova quindi a scrivere un riassunto della storia in spagnolo.

Una parola in spagnolo può avere molti significati. Ma quello giusto dipende dal contesto della storia. Non fare un'interpretazione errata dei significati delle parole.

Prima di leggere una storia, dovresti capire attentamente di cosa tratta il testo, leggerne il titolo e appuntarti l'argomento della storia.

Se non capisci una o più frasi, non preoccuparti. L'elenco dei vocaboli è tradotto per aiutarti.

Se impari il vocabolario, lo ricorderai per lungo tempo.

Come memorizzare il vocabolario imparato

Devi imparare e rivedere le parole molte volte. Puoi ricordare una nuova parola cercando di costruirci una frase. Devi ripetere e imparare la parola regolarmente e frequentemente, in modo che il tuo cervello la memorizzi. Leggi la storia più volte. Osserva come viene utilizzato il vocabolario nelle frasi. Leggi e riscrivi la traduzione del vocabolario per assimilare il significato delle parole.

In spagnolo, le parole possono sembrare diverse a seconda del contesto.

Quando impari delle nuove parole in spagnolo, è meglio imparare l'intera frase in cui viene utilizzato il vocabolario. Sarà più facile per te ricordarlo.

Quando impari lo spagnolo, ascoltare e leggere non sarà sufficiente. Avrai bisogno di parlare e pronunciare le frasi correttamente. Al terzo ascolto, prova a ripetere dopo il narratore.

Quindi ascolta ancora una volta leggendo il testo.

N.B. Quando impari una lingua, studiala e praticala tutte le volte che puoi.

Historia 1: Infancia, adolescencia, y amistad

Jane y Michelle se conocen desde la infancia. Jane es rubia y Michelle es **morena**. La madre de Jane se llama Mel. La madre de Michelle es Victoria. Victoria y Mel han sido amigas **durante mucho tiempo**. Jane es la **mejor amiga** de Michelle.

De niñas, les gusta **jugar a la rayuela**, **jugar a tomar el té y a las escondidas**. Sus madres **a menudo** las llevan al parque. A Mel le encanta hacer tortitas de chocolate o **una tarta de manzana**. A Jane y Michelle también les encanta ver los **dibujos animados**. Les encanta ver "Barbie" y "**El rey león**" juntas.

Desde la edad de once años, aman mucho los deportes. Les encanta **ir en bicicleta** y jugar al baloncesto. Les encanta **compartir secretos**. **Ellas hacen sus deberes** juntos. La **asignatura favorita** de Michelle es el francés. La de Jane son las ciencias.

En la escuela, Jane tiene **malas notas** en matemáticas. **Ella toma clases particulares. Jane y Michelle pasan más tiempo estudiando que disfrutando**. Michelle ayuda a Jane a estudiar. Mel y Victoria **están orgullosas de** sus hijas. Para agradecerles, se van de vacaciones con sus familias.

En la escuela primaria hasta la **escuela secundaria**, Jane y Michelle son **muy amigas.**

Pero en el colegio, las dos chicas se **alejan**. Ellas **crecen** y **ya no están interesadas en las mismas cosas**. A Michelle le interesan los libros y está muy **enfocada** en sus **estudios**. A Jane le interesa la **moda**, la popularidad en el **colegio** y los chicos. **Con el tiempo**, se convierten en **meras conocidas**.

Jane tiene muchos amigos y una nueva mejor amiga: Lilly. El novio de Jane se llama Lucas.

Michelle también tiene una nueva **amiga íntima**. Su nombre es Annie. Annie también es **aficionada de la lectura** igual que Michelle.

En una tarde de sábado, Mel y Victoria invitan a sus **hijas** para ir juntas al cine. La película es buena, pero **Jane y Michelle apenas se hablan**. Victoria está **triste. Jane y Michelle ya no son amigas.**

En casa, Victoria habla con Michelle:

> - Tú y Jane, **¿tuvisteis una discusión?**
> - ¿No porque?
> - Ya no hablas con ella.
> - Pero no, si nos estamos hablando.
> - Pero ya no sois amigas.
> - Ya no tenemos los mismos **intereses**.
> - **Invítala a casa.**
> - No, gracias.
> - ¿Pero por qué?
> - Mamá, ella tiene sus amigos ahora. Y yo también, tengo a mi amiga. **No importa** si ya no somos amigas.
> - Claro, entiendo.

Una tarde, Michelle camina por el parque. Ella ve a Jane llorando en una silla.

> - Hola Jane, **¿qué está pasando?** ¿Por qué estás llorando?
> - Hola Michelle. Lucas y su familia se **mudan** a otra ciudad.

Nos separamos.

> - Lo siento por ti.
> - Gracias.
> - ¿Dónde están tus amigos?
> - No lo sé.

Jane le sonríe a Michelle y le pregunta:

> -¿Y tú cómo estás?
> - Estoy bien gracias. No te quedes aquí **sola**. Ven a **tomarte**

algo conmigo.

> - No, gracias. **No quiero molestarte.**
> - No me molestas. Te invito yo.
> - Vale, gracias, Michelle. Eres muy amable.

Las dos chicas van al restaurante. Piden jugos y crepes de chocolate. Jane le cuenta a Michelle sus problemas. Lilly no es realmente la amiga de Jane. Lilly es una aprovechadora.

Por la noche, Jane se siente mejor. Ella le cuenta el día a su madre.

Lucas se va. Jane olvida su relación con él. Jane y Michelle empiezan a **pasar tiempo juntas**. Mel y Victoria están felices.

Un día, **Victoria cae enferma**. Jane ayuda a Michelle a **cuidar a** Victoria. Annie visita a Victoria. Michelle presenta a Jane a su amiga Annie. Jane está feliz de conocerla. Michelle invita a Annie a comer en casa. Annie acepta con placer. Jane y Michelle **preparan la comida**. Las tres chicas comen juntas al mediodía. La comida es deliciosa.

Tres días después, Victoria **se recupera**. Jane invita a Michelle y Annie a ir de compras. Annie rechaza la invitación. Ella tiene unas tareas para terminar. Michelle acepta la invitación con mucho gusto. Jane y Michelle **compran** nuevos **vestidos**, **zapatos** y **pantalones**. Compran un hermoso **collar** para Annie. Michelle compra un **abrigo** para su madre. Jane compra una **chaqueta** para su madre.

Hacia el final del **año escolar, Jane no aprueba sus exámenes. Ella repite sus clases de primero**. Jane se arrepiente. Ella le pide a Michelle que se quede con ella. Michelle le dice a Jane que ella sigue siendo su amiga. Jane decide no **descuidar** más **sus estudios**.

Jane y Michelle se vuelven casi inseparables. **Michelle ayuda a Jane a tener éxito en sus estudios**. Jane está feliz. Michelle y Jane son otra vez amigas cercanas como antes.

Vocabolario

Infancia	Infanzia
Amistad	Amicizia
Morena	Mora
Durante mucho tiempo	Da molto tempo
Mejor amiga	Migliore amico/migliore amica (M/F)
Jugar a la rayuela	Giocare a campana
Jugar a tomar el té	Giocare all'ora del tè
Escondidas	Nascondino
A menudo	Spesso
Una tarta de manzana	Una torta di mele
Dibujos animados	Cartoni animati
El rey león	Il Re Leone
Ir en bicicleta	Andare in bici
Compartir secretos	Condividere segreti
Ellas hacen sus deberes	Svolgono i compiti
Asignatura favorita	Materia preferita
Malas notas	Brutti voti
Ella toma clases particulares	Lei prende lezioni private
Jane y Michelle pasan más tiempo estudiando que disfrutando	Jane e Michelle passano più tempo a studiare che a divertirsi
Están orgullosas de	Sono orgogliose di
Escuela secundaria	Scuole medie
Muy amigas	Amiche intime
Adolescente(s) M/F	Adolescente/i (M/0F)
Se alejan	Meno vicine
Ellas crecen (crecer)	Crescono (crescere)
Ya no están interesadas en la mismas cosas	Non hanno più gli stessi interessi
Enfocado/a	Concentrato/a (M/F)

Estudios	Studi
La moda	Moda
Colegio	Scuola superiore
Con el tiempo	Col tempo
Meras conocidas	Semplici conoscenti
Novio	Ragazzo
Amiga íntima	Amico intimo/amica intima (M/F)
Aficionada de	Ama leggere
Hija(s)	Figlia(e)
Jane y Michelle apenas se hablan	Jane e Michelle parlano a malapena
Triste	Triste
Jane y Michelle ya no son amigas	Jane e Michelle non sono più amiche
¿Tuvisteis una discusión?	Avete litigato?
Intereses	Interessi
Invítala a casa	Invitala a casa
No importa	Non importa
¿Qué está pasando?	Che cosa succede?
Mudarse	Trasferirsi
Nos separamos	Ci lasciamo
Solo/a	Da solo/sola (M/F)
Ven a tomarte algo conmigo	Vieni a bere qualcosa con me
No quiero molestarte	Non voglio disturbarti
Pasar tiempo juntas	Trascorrere del tempo insieme
Victoria cae enferma	Victoria si ammala
Cuidar a…	Prendersi cura di…
Preparan la comida	Preparano da mangiare
Tres días después	Tre giorni dopo
Se recupera	Guarita
Comprar	Comprare
Vestidos	Abiti
Zapatos	Scarpe

Pantalones — Pantaloni

Collar — Collana

Abrigo — Cappotto

Chaqueta — Giacca

Año escolar — Anno scolastico

Jane no aprueba sus exámenes — Jane non passa i suoi esami

Ella repite sus clases de primero — Lei deve ripetere l'anno

Descuidar sus estudios — Trascurare i suoi studi

Michelle ayuda a Jane a tener éxito con sus estudios — Michelle aiuta Jane ad avere successo con gli studi

Storia 1: Infanzia, adolescenza e amicizia

Jane e Michelle si conoscono da quando erano piccole. Jane è bionda, Michelle è **mora**. La madre di Jane si chiama Mel. La madre di Michelle è Victoria. Victoria e Mel sono amiche **da molto tempo**. Jane è la **migliore amica** di Michelle.

Da bambine, amavano **giocare a campana, all'ora del tè** e a **nascondino**. Le loro madri le portano **spesso** al parco. Mel ama preparare le frittelle al cioccolato o la **torta di mele**. Jane e Michelle adorano anche guardare i **cartoni animati**. Amano guardare insieme "Barbie" e **"Il Re Leone"**.

Da quando hanno undici anni adorano praticare sport. Amano andare in **bici** e giocare a basket. A loro piace tanto anche **condividere segreti. Svolgono i compiti** insieme. La **materia preferita** di Michelle è il francese, quella di Jane sono le scienze.

A scuola, Jane ha **brutti voti** in matematica. **Prende lezioni private. Jane e Michelle passano più tempo a studiare che a divertirsi.** Michelle aiuta Jane a studiare. Mel e Victoria **sono orgogliose delle** loro figlie. Per ringraziarle, vanno in vacanza insieme alle loro famiglie.

Dalle elementari fino alle **scuole medie**, Jane e Michelle sono **amiche intime**.

Al liceo però, le due ragazze diventano **meno vicine. Crescono** e **non hanno più gli stessi interessi**. A Michelle interessano i libri ed è molto **concentrata** sui suoi **studi**. A Jane invece interessa essere alla **moda**, farsi conoscere alle **scuole superiori** e dai ragazzi. **Col tempo**, diventano **semplici conoscenti**.

Jane ha molte amiche ed una nuova amica del cuore: Lilly. Il **ragazzo** di Jane si chiama Lucas.

Anche Michelle ha una nuova **amica intima**. Il suo nome è Annie. Anche Annie **ama leggere** come Michelle.

Un sabato pomeriggio, Mel e Victoria invitano le loro **figlie** ad andare al cinema insieme. Il film è bello , ma **Jane e Michelle parlano a malapena.** Victoria è **triste. Jane e Michelle non sono più amiche.**

A casa, Victoria parla con Michelle:

- Tu e Jane **avete litigato**?
- No, perchè?
- Non le parli più.
- Ma no, ci parliamo.
- Ma non siete più amiche.
- Non abbiamo gli stessi **interessi**.
- **Invitala a casa.**
- No, grazie.
- Ma perché?
- Mamma, ora ha i suoi amici. E anche io ho la mia migliore amica. **Non importa** se non siamo più amiche.
- Ok, capisco.

Un pomeriggio, Michelle cammina nel parco. Vede Jane piangere su una sedia.

- Ciao Jane, **che cosa succede**? Perché stai piangendo?
- Ciao Michelle. Lucas e la sua famiglia **si trasferiscono** in un'altra città. **Ci lasciamo.**
- Mi spiace.
- Grazie.
- Dove sono le tue amiche?
- Non lo so. Non ci sono.

Jane sorride a Michelle e le chiede:

- E tu come stai?
- Sto bene, grazie. Non stare qui **da sola.** Vieni a **bere qualcosa con me.**
- No grazie. **Non voglio disturbarti.**
- Non mi disturbi. Ti sto invitando.
- Ok, ok. Grazie, Michelle. Sei davvero gentile.

Le due ragazze vanno al ristorante. Ordinano crepes al cioccolato e del succo. Jane racconta a Michelle i suoi problemi. Lilly non è veramente amica di Jane. Lilly è solo un'approfittatrice.

In serata, Jane si sente meglio. Racconta la sua giornata a sua madre.

Lucas se ne va. Jane dimentica la sua relazione con lui. Jane e Michelle iniziano a **trascorrere del tempo insieme**. Mel e Victoria sono felici.

Un giorno, **Victoria si ammala**. Jane aiuta Michelle a **prendersi cura di** Victoria. Annie visita Victoria. Michelle presenta la sua amica Annie a Jane. Jane è felice di incontrarla. Michelle invita Annie a pranzo a casa sua. Annie accetta con piacere. Jane e Michelle **preparano da mangiare**. Le tre ragazze mangiano insieme a mezzogiorno. Il pranzo è delizioso.

Tre giorni dopo, Victoria è **guarita**. Jane invita Michelle e Annie a fare shopping. Annie rifiuta l'invito perché ha da finire i compiti. Michelle accetta l'invito con piacere. Jane e Michelle **comprano** nuovi **abiti**, scarpe e **pantaloni**. Comprano una bellissima **collana** per Annie. Michelle prende un **cappotto** per sua madre e Jane compra una **giacca** alla sua.

Verso la fine dell'**anno scolastico, Jane non passa i suoi esami. Deve ripetere l'anno.** Jane è rammaricata. Chiede a Michelle di stare con lei. Michelle dice a Jane che è ancora sua amica. Jane decide di non **trascurare** più **i suoi studi**.

Jane e Michelle diventano quasi inseparabili. **Michelle aiuta Jane ad avere successo con gli studi**. Jane è felice. Michelle e Jane diventano amiche intime come prima.

Historia 2: Una familia numerosa.

Lea viene de una **familia numerosa**. Ella tiene tres **hermanos**. Su padre se llama George y su madre Lydie. El matrimonio de George y Lydie es **un matrimonio concertado**.

Su primer hijo **nace** un año después de su **boda**. Su **hija mayor** se llama Maria. Richard es el segundo hijo. Tiene el mismo nombre que su **bisabuelo**, el padre de su padre. Léa es la tercera hija de sus padres. Gina es la **hermana menor** de Léa. Gina es **la más joven** de la familia. **Ella se parece mucho a su madre.**

Léa tiene siete **primos hermanos** por parte de su padre, cuatro niñas y tres niños. Y tiene siete primos hermanos por parte de su madre, cinco niñas y dos niños. Léa y sus hermanos están cercanos **a la familia del lado de la madre**. Léa y Gina visitan a menudo a su **tía** Jocelyne: **la hermana pequeña** de Lydie. Su abuela materna es muy **amable**. Su abuela paterna es estricta. Sus dos abuelos ya están **muertos**.

Luc es un amigo de la familia. Y él también es **un vecino**. Luc es un **padre soltero**. El nombre de su hija es Catherine. Catherine es la **única hija**. Y ella es **huérfana de madre**. Léa y Catherine son muy cercanas. Léa es **casi** como una hermana para Catherine.

Algunos miembros de la familia de George viven **en el extranjero**. El hermano mayor de George vive en Francia. Su esposa es francesa. Dos hijos de **etnia mixta** nacen de su unión. Cada año, George organiza una gran fiesta donde se reúne toda la familia. George está feliz de ver a sus hermanos y hermanas, así como a sus **sobrinos** y sobrinas.

Después de diez años de matrimonio, George y Lydie comienzan a discutir con frecuencia. Tienen **problemas maritales.** Lydie **se siente atraída por** Luc. George tiene una **amante**. Su nombre es Gisèle. Ella tiene treinta años. **George y Lydie ya no se aman.** Su matrimonio ha sido un error. Se están divorciando. Sus hijos están **destrozados**. Pero esta es la mejor decisión.

George sale de la casa. Se traslada a la casa de Gisèle. Gina está **llorando**. Lydie explica que su padre ya no vive con ellos, pero que todavía ama a Gina y a sus hermanos. Lea **consuela** a su hermanita. **Richard la toma entre sus brazos**. George se mantiene en buenos términos con su **ex-esposa**. **Lydie comienza una relación romántica con Luc**.

Seis meses después, George se vuelve a casar. Invita a Lydie, Luc y los niños a su boda. Pero Lydie no quiere ir. Gina y Luc se quedan en casa con Lydie. Maria, Richard y Léa asisten a la boda.

Lydie y Luc **conviven** con sus hijos. Léa está encantada de vivir con Catherine. Además, a Léa le encanta Luc. Él es como un segundo padre para ella. La vieja casa de Luc y Catherine está **en alquiler**.

Los nuevos **inquilinos** son una vieja pareja **jubilada**: Christophe y Christine Wilson. Ellos están solos. Sus hijos y **nietos** viven en el extranjero desde hace años. Para dar la bienvenida a Christophe y Christine, Maria les prepara un buen **pastel**. Christine le agradece **calurosamente**. Invita a Maria y a todos los demás niños a **probar** el pastel con su **esposo**. Maria llama a Richard, Léa, Gina y Catherine para comer el pastel en la casa de los Wilson. Maria les presenta a los nuevos vecinos.

Gisèle queda embarazada. Nueve meses después, **Giséle da a luz a su primer hijo**. Su nombre es Lionel. La hermana pequeña de Lionel nace después de **un año y medio**. Su nombre es Prisca. Ella es rubia como su madre.

El tiempo pasa. Los niños crecen. Los mayores se convierten en adultos y los más jóvenes en adolescentes. Léa se lleva bien con su **hermanastro** y su hermanastra. Con Gina, los invita a comer pizzas juntos. Léa y Gina los conocen mejor. Pronto, nace una amistad entre ellos.

Mientras tanto, los **sentimientos** nacen entre Richard y Catherine. **Ellos se enamoran. Pero tienen miedo** de la reacción de Luc y Lydie. Ocultan su relación con todos **excepto** con Léa. Pero tarde o

temprano, Luc y Lydia **descubren** la relación de los dos
enamorados. Sus padres aprueban su relación.

Un año después, **Richard le pide a Catherine que se case con él**.
Catherine **salta** a los brazos de Richard y acepta. Richard y
Catherine organizan su **compromiso**. Léa está feliz. Su mejor amiga
se convierte en su **cuñada**. Léa ayuda a su hermano a elegir un
anillo de compromiso para Catherine. Durante la fiesta de
compromiso, George invita a su **cuñada** a bailar. Su **nieto** nace doce
meses después. Su nombre es Pedro. Pedro tiene los ojos de su
madre Catherine.

Después de un tiempo, es el turno de Maria de casarse. Su marido es
un hombre alto, rico y **guapo**. Su nombre es John Jackson.
Lamentablemente, la pareja no puede tener hijos. La madre de John
está **contrariada** por la situación. Su único hijo debe tener un
heredero. **Maria está bajo mucha presión** por culpa de sus
suegros. Ella **se pregunta** si debería de separarse de John. John le
dice que nunca piense en eso. Ella es su esposa y él la ama. Tienen
que lidiar con su problema juntos. Para resolver su problema, John
y Maria adoptan a un hijo. Y tres años después, se realiza un
milagro. Maria se queda embarazada. Ella da a luz a una niña bonita:
Lucia.

Vocabolario

Una familia numerosa	Una grande famiglia
Hermanos	Fratelli
Un matrimonio concertado	Un matrimonio combinato
Nace	Nato
Boda	Nozze
Hija mayor	Primogenita
Bisabuelo	Bisnonno
Hermana menor	Sorella minore
La más joven	Più piccola
Ella se parece mucho a su madre	(Lei) assomiglia molto a sua madre
Primo(s) hermano(s)	Cugino(i) di primo grado
La familia del lado de la madre	La famiglia della loro madre
Tía	Zia
La hermana pequeña	La sorella minore
Amable	Gentile (M/F)
Muerto(s)	Morto(i)
Un vecino	Un vicino di casa
Padre soltero	Padre single
Única hija	Figlio unico
Huérfana de madre	Orfana di madre
Casi	Quasi
En el extranjero	All'estero
Etnia mixta	Etnia mista
Sobrino(s)	Nipote(i)
Problemas maritales	Problemi di coppia
Atraída por	Attratta da
Amante	Amante
George y Lydie ya no se aman	George e Lydie non si amano più

Destrozados	Arrabbiato(i)
Llorar	Piangere
Consolar	Rasserenare
Richard la toma entre sus brazos	Richard la prende tra le braccia
Ex-esposa	Ex moglie
Lydie comienza una relación romántica con Luc	Lydie inizia una relazione romantica con Luke
Conviven	Convivenza
En alquiler	In affitto
Inquilino(s)	Inquilino(i)
Jubilada(s)	Pensionato(i)
Nietos	Nipoti
Pastel	Torta
Calurosamente	Calorosamente
Probar	Assaggiare
Esposo	Marito
Gisèle queda embarazada	Gisèle rimane incinta
Gisèle da a la luz su primer hijo	Gisèle partorisce il suo primo figlio
Un año y medio	Un anno e mezzo
El tiempo pasa	Il tempo passa
Hermanastro	Fratellastro
Mientras tanto	Nel frattempo
Sentimientos	Sentimenti
Ellos se enamoran	Si innamorano
Tienen miedo	Sono spaventati
Excepto	Tranne che
Descubrir	Scoprono
Enamorados	Piccioncini
Richard le pide a Catherine que se case con él	Richard chiede a Catherine di sposarlo
Saltar	Saltare (salta)
Compromiso	Fidanzamento

Anillo de compromiso	Anello di fidanzamento
Nuera	Nuora
Cuñada	Cognata
Nieto	Nipote
Guapo	Uomo affascinante
Contrariada	Seccato/a
Heredero	Erede
Maria está bajo mucha presión	Maria subisce molte pressioni
Suegros	Suoceri
Preguntarse	Domandarsi
Lidiar con su problema	Affrontare il loro problema

Storia 2: Una grande famiglia

Lea viene da una **grande famiglia**. Ha tre **fratelli**. Suo padre si chiama George e sua madre Lydie. Il matrimonio tra George e Lydie è **combinato**.

Il loro primo figlio è **nato** un anno dopo le **nozze**. La loro **primogenita** si chiama Maria. Richard è il secondo figlio. Ha lo stesso nome del suo **bisnonno**, il nonno di suo padre. Léa è la terza. Gina è la **sorella minore** di Léa. Gina è la **più piccola** della famiglia. **Assomiglia molto a sua madre.**

Lea ha sette **cugini di primo grado** dalla parte di suo padre, quattro ragazze e tre ragazzi. Ne ha anche sette materni, cinque ragazze e due ragazzi. Léa e i suoi fratelli sono più vicini **alla famiglia della loro madre**. Leah e Gina visitano spesso la loro **zia** Jocelyne: **la sorella minore** di Lydie. La loro nonna materna è molto **gentile**. La paterna è severa. I due nonni sono già **morti**.

Luc è un amico di famiglia. È anche un **vicino di casa**. Luc è un **padre single**. Sua figlia si chiama Catherine. È **figlia unica**. Ed è anche **orfana di madre**. Léa e Catherine sono molto vicine. Leah è **quasi** come una sorella per Catherine.

Alcuni membri della famiglia di George vivono **all'estero**. Suo fratello maggiore vive in Francia. Sua moglie è francese. Due figli di **etnia mista** sono nati dalla loro unione. Ogni anno, George organizza una grande festa in cui tutta la famiglia si incontra. George è felice di vedere i suoi fratelli e sorelle, così come i suoi **nipoti**.

Dopo dieci anni di matrimonio, George e Lydie iniziano a discutere spesso. Hanno **problemi di coppia**. Lydie è **attratta da** Luke. George ha una **amante**. Il suo nome è Gisèle. Ha trent'anni. **George e Lydie non si amano più**. Il loro matrimonio è stato un errore. Stanno divorziando. I loro figli sono **arrabbiati**. Ma questa è la migliore decisione possibile.

George lascia la casa. Si trasferisce da Gisèle. Gina **piange**. Lydie le spiega che suo padre non vive più con loro, ma ama ancora Gina e i suoi fratelli. Lea **rasserena** la sua sorellina. **Richard la prende tra le braccia**. George rimane in buoni rapporti con la sua **ex moglie**. **Lydie inizia una relazione romantica con Luke**.

Sei mesi dopo, George si risposa. Invita Lydie, Luc e i bambini al suo matrimonio. Lydie però non vuole venire. Gina e Luc restano a casa con Lydie. Maria, Richard e Léa partecipano al matrimonio.

Lydie e Luc iniziano una **convivenza** assieme ai loro figli. Lea è felice di vivere con Catherine. E poi, adora Luc. È come un secondo padre per lei. La vecchia casa di Luc e Catherine è **in affitto**.

I nuovi **inquilini** sono una vecchia coppia di **pensionati**: Christophe e Christine Wilson. Sono soli. I loro figli e **nipoti** vivono tutti all'estero da anni. Maria prepara una bella **torta** per accogliere Christophe e Christine. Quest'ultima la ringrazia **calorosamente**. Invita quindi Maria e tutti gli altri bambini ad assaggiare la torta con suo **marito**. Maria chiama Richard, Leah, Gina e Catherine per mangiare la torta dai Wilson. Maria li presenta ai nuovi vicini.

Gisèle rimane incinta. Nove mesi dopo, **partorisce il suo primo figlio**. Lo chiama Lionel. La sua sorellina più piccola nasce dopo **un anno e mezzo**. Si chiama Prisca. È bionda come sua madre.

Il tempo passa. I bimbi crescono. I più grandicelli diventano giovani adulti, e i più piccoli adolescenti. Leah va d'accordo col suo **fratellastro** e la sua sorellastra. Assieme a Gina, li invita a mangiare le pizze insieme. Leah e Gina li conoscono meglio. Presto, tra loro nascerà un'amicizia.

Nel frattempo, nascono dei **sentimenti** tra Richard e Catherine. **Si innamorano**. Ma **sono spaventati** della reazione di Luc e Lydie. Nascondono la loro relazione a tutti, **tranne che** a Léa. Casualmente, però, Luc e Lydia **scoprono** il rapporto tra i due **piccioncini**. I loro genitori approvano la relazione.

Un anno dopo, **Richard chiede a Catherine di sposarlo**. Catherine **salta** tra le braccia di Richard e accetta. Richard e Catherine organizzano il loro **fidanzamento**. Lea è felice. La sua migliore amica diventa sua **cognata**. Leah aiuta suo fratello a scegliere un **anello di**

fidanzamento per Catherine. Durante la festa di fidanzamento, George invita la sua **cognata** a ballare. Suo **nipote** nasce dodici mesi dopo. Il suo nome è Peter. Peter ha gli occhi di sua madre Catherine.

Dopo un po', è il turno di Maria di sposarsi. Suo marito è un **uomo affascinante**, alto e ricco. Il suo nome è John Jackson. Sfortunatamente, la coppia non può avere figli. La madre di John è **irritata** dalla situazione. Il suo unico figlio deve avere un **erede. Maria subisce molte pressioni** dai suoi **suoceri.** Si **domanda** se dovrebbe lasciare John. Lui le dice di non pensarci mai. È sua moglie e la ama. Dovranno **affrontare il loro problema** insieme. Per risolverlo, John e Maria adottano un figlio. Tre anni dopo, accade un miracolo. Maria alla fine rimane incinta. Dà alla luce una splendida bimba: Lucia.

Historia 3: Una pasión por la música

El canto es el **pasatiempo** favorito de Christian. Su madre se llama Jeanne y su padre Alain. Entre los dos y los cuatro años, a Christian le encanta **escuchar canciones infantiles**. Le gusta **tararearlas**. A los cinco, Christian sabe **leer**. Le gusta **jugar al karaoke**.

A los nueve años, participa en **un concurso de canto** para niños. Christian tiene mucho talento. Los miembros del jurado están impresionados. Christian se encuentra **entre** los finalistas de la competición. **El ganador del concurso** es un niño de doce años. **Christian gana el segundo premio.** Consigue una **consola de juegos**, una bicicleta, **dinero** y **vacaciones al extranjero**. También gana una entrada para Disneyland.

Alain y Jeanne están muy orgullosos de su hijo. **Se congratulan** con él y **lo besan**.

Alain y Jeanne organizan una gran **fiesta** por el décimo cumpleaños de Christian. Invitan a toda la familia y algunos **compañeros de clase**. A las cuatro en punto, **Christian pide un deseo**. Luego **sopla las velas** en el pastel de cumpleaños. **Todo el mundo** aplaude. Los invitados ofrecen **regalos** a Christian.

A las seis en punto termina la fiesta. La gente se va a casa. Los padres de Christian les agradecen. **Christian desempaqueta sus regalos.** Christian **recibe** nuevos zapatos, **ropa** nueva y **juguetes** nuevos. Sus padres le regalan unos **patines**.

Para la cena, Jeanne prepara su **comida favorita**. A las ocho en punto cenan. Ellos comen macarrones con **queso**.

Christian ve una vieja guitarra en **el armario**. Christian **aprende a tocar la guitarra**. Su madre lo **nota**. Ella le compra una guitarra nueva. **Ella busca** una escuela de música para su **hijo**. Christian comienza sus **clases de guitarra**.

A las once, Christian canta durante una fiesta en su escuela. Un **profesor de canto** lo nota. **Él saluda a Christian** y a sus padres. Luego se presenta. Ha sido profesor de canto durante veinticinco años. Christian tiene una voz preciosa. Cyril quiere enseñarle a cantar. Jeanne y Alain aceptan la propuesta. Es una gran oportunidad. Christian se encuentra con otro alumno de Cyril. Su nombre es Anna. Anna toca el piano. **Christian y Anna tienen la misma edad. Ellos se vuelven amigos**.

A los doce años, Christian empieza su sexto año se secundaria. En la secundaria, obtiene malas notas. Christian está demasiado concentrado en la música y el canto. Su padre le pide que se enfoque en los estudios. Cristian **deja** la música. Obtiene notas mejores en la escuela.

A los dieciséis años, Christian entra en el instituto. Aprende a **administrar su tiempo** para **pasatiempos** y estudios. Sigue con la música y el canto. Christian conoce a otros jóvenes. También hacen música. Ken toca la guitarra y Nick toca la batería. **Christian se lleva bien con Nick y Ken**. Nick invita a Christian y a Ken a tocar juntos. Él tiene un estudio en casa. **Él tiene batería**, una guitarra acústica y un sintetizador. Christian invita a Anna a tocar con ellos.

El sábado por la mañana, Christian, Ken y Anna van a la casa de Nick. Nick presenta a sus nuevos amigos a sus padres. El padre de Nick es un ex **baterista**. Su madre es una ex **corista**. Su **hermana mayor** toca el **violín**. Nick viene de una familia de artistas.

Los cuatro jóvenes entran en el estudio. Todos tocan su instrumento musical. Tocan **canciones famosas**. Christian y Anna cantan **al mismo tiempo**. La mamá de Nick ofrece **zumo** a todos. Los cuatro jóvenes se vuelven inseparables. El amor por la música los une.

Unos meses más tarde, Cyril los llama para animar una fiesta. Christian, Anna, Nick y Ken están emocionados. Pero **tienen pánico al escenario. Anna se pone roja**. Ken ha **sudado**. Nick tiene un **dolor de estómago. A Christian le tiemblan las manos**. Él y sus amigos tocan **en el escenario** por primera vez. Sus padres y sus familias están presentes.

Finalmente, **todo sale bien**. El **sistema de sonido** es impecable. Los **cantantes** cantan bien. La lista de canciones está bien elegida. Todos los presentes están satisfechos. El grupo recibe felicitaciones públicas. Cyril está feliz por la **exhibición** de los chicos. Él les da su **paga**.

Cae la noche. Christian se muere de hambre. Alain quiere **celebrar** este primer **éxito**. Invita a los cuatro músicos al restaurante. También invita a Cyril.

El tiempo pasa. Christian y sus amigos terminan sus estudios en el colegio. Anna se muda a otro país. Ella continúa sus estudios en el extranjero. **Sus estudios duran varios años**. Christian está **muy triste. Su corazón está roto**.

Christian se despierta en medio de la noche. Está inspirado por la despedida de su amiga. Toma un papel y un **bolígrafo**. Escribe la **letra** de una canción. Luego Christian toma su guitarra. Él compone la melodía de la canción. Es una canción melancólica. La primera estrofa **narra de** un amor imposible. La segunda de la separación. El **estribillo describe** los sentimientos del cantante.

El día siguiente, Christian canta su canción con su guitarra. Ken, Nick, Cyril, Jeanne y Alain lo escuchan. **Los padres de Christian están conmovidos por la canción**. Es una canción muy **conmovedora**. Y es una hermosa declaración de amor. A Ken y Nick les encanta la canción.

Los tres jóvenes comienzan su carrera profesional en la música. Reclutan a un nuevo pianista. Su nombre es June. June es la sobrina de Cyril. Christian, Nick, Ken y June crean su banda. Lo llaman "Ong'Stu". Luego **ellos graban** la **canción** de Christian. El **título de la canción** es "Para ti". Un mes después, **lanzan su primer single**. En unos pocos días, este se convierte en una **canción de éxito**. Christian le dedica la canción a Anna. Anna se conmueve. Ella le da las gracias a Christian.

Cyril compone tres canciones para la banda Ong'Stu. Christian y June también componen otras canciones. Alain y Cyril los ayudan.

Después de seis meses, Christian, June, Nick y Ken lanzan su primer álbum de canciones. Seis semanas después, hacen su primer concierto. **Los fanes llenan el auditorio**. Los fanes conocen las canciones **de memoria**. El espectáculo dura una hora y media.

Christian piensa en Anna. **Su sueño se hace realidad.**

Vocabolario

Canto	Cantare
Pasatiempo	Passatempo, hobby
Escuchar	Ascoltare
Canciones infantiles	Filastrocca(che)
Tararear	Canticchiare
Leer	Leggere
Jugar al karaoke	Cantare al karaoke
Un concurso de canto	Una gara di canto
Entre	Tra
El ganador del concurso	Il vincitore del concorso
Christian gana el segundo premio	Christian vince il secondo premio
Él toma clases de música	Prende lezioni di musica
Una consola de juegos	Una console da gioco
Dinero	Soldi
Vaciones al extranjero	Vacanze all'estero
Se congratulan	Congratularsi
Besar	Baciano
Fiesta	Festa
Compañero(s) de clase	Compagno(a/i) di classe
Pedir un deseo (Christian pide un deseo)	Esprimere un desiderio (Christian esprime un desiderio)
Soplar las velas (él sopla las velas)	Soffiare le candeline (lui soffia le candeline)
Todo el mundo	Tutti
Regalo(s)	Regalo(i)
Desempaqueta sus regalos	Scartare i suoi regali (Christian scarta i suoi regali)
Recibir	Ricevere
Ropa	Abiti
Juguetes	Giocattoli
Patines	Pattini

Comida favorita	Piatto preferito
Queso	Formaggio
El armario	Guardaroba
Aprende a tocar la guitarra	Christian impara da solo a suonare la chitarra
Notare (su madre lo nota)	Notare (sua madre lo nota)
Buscar (ella busca)	Cercare (lei cerca ...)
Hijo	Figlio
Clases de guitarra	Lezioni di chitarra
Profesor de canto	Insegnante di canto
Christian y Anna tienen la misma edad	Christian e Anna hanno la stessa età
Ellos se vuelven amigos	Diventano amici
Saludar (él saluda a Christian)	Salutare (saluta Christian)
Dejar (Christian deja la música)	Lasciare (Christian lascia la musica)
Administrar su tiempo	Gestire il tempo
Pasatiempos	Hobby
Llevarse bien (Christian se lleva bien con Nick y Ken)	Andare d'accordo ... (Christian va molto d'accordo con Nick e Ken)
Tener (él tiene)	Avere (Lui ha)
Batería	Batteria
Baterista	Batterista
Hermana mayor	Sorella maggiore
Corista	Corista, seconda voce
Violín	Violino
Canciones famosas	Canzoni conosciute, canzoni famose
Al mismo tiempo	Contemporaneamente
Zumo	Succo
Tienen pánico al escenario	Hanno paura del palcoscenico
Ponerse rojo (Anna se pone roja)	Arrossire (Anna arrossisce)

Sudado	Sudato
Estómago	Stomaco
Mano(s)	Mano(i)
Temblar (A Christian le tiemblan las manos)	Tremare (le mani di Christian tremano)
En el escenario	Sul palco
Sistema de sonido	Sistema sonoro
Cantante(s)	Cantante(i)
Exhibición	Prestazione
Paga	Paga
Cae la noche	Scende la notte
Christian se muere de hambre	Christian ha una fame da lupo
Celebrar	Festeggiare
Éxito	Successo
Sus estudios duran varios años	I suoi studi durano diversi anni
Muy triste	Molto triste
Todo bien	Va tutto bene
Su corazón está roto	Il suo cuore è spezzato
Christian se despierta en medio de la noche	Christian si sveglia nel cuore della notte
Bolígrafo	Penna
Letra	Testo
Strofa	Strofa
Narra	Racconta
Estribillo	Ritornello
Describir (el estribillo describe)	Descrivere (il ritornello descrive ...)
El día siguiente	Il giorno successivo
Los padres de Christian están conmovidos por la canción	I genitori di Christian sono toccati dalla canzone
Conmovedora	Commovente
Ellos graban la canción	Registrano la canzone
Título de la canción	Titolo del brano

Lanzan su primer single	Viene rilasciato il loro primo singolo
Canción de éxito	Hit
Llenar (los fanes llenan el auditorio)	Riempire (I fan riempiono l'auditorium)
De memoria	A memoria
Su sueño se hace realidad	Il suo sogno diventa realtà

Storia 3: Una passione per la musica

Cantare è il **passatempo** preferito di Christian. Sua madre si chiama Jeanne e suo padre Alain. Tra i due e i quattro anni di età, a Christian piace molto **ascoltare** le **filastrocche**. Gli piace **canticchiarle. A** cinque anni, Christian sa **leggere**. Gli piace **cantare al karaoke**.

A nove anni, partecipa a **una gara di canto** per bambini. Christian ha molto talento. I membri della giuria sono impressionati. Christian è **tra** i finalisti della competizione. **Il vincitore del concorso** è un ragazzo di dodici anni. **Christian vince il secondo premio**. Ottiene **una console di gioco**, una bicicletta, dei **soldi** e **una vacanza all'estero**. Vince anche un biglietto per Disneyland.

Alain e Jeanne sono molto orgogliosi del loro bambino. Si **congratulano con lui** e **lo baciano**.

Alain e Jeanne organizzano un grande **festa** per il decimo compleanno di Christian. Invitano tutta la famiglia e alcuni **compagni di classe**. Alle quattro, **Christian esprime un desiderio**. Poi **soffia le candeline** sulla torta di compleanno. **Tutti** applaudono. Gli ospiti offrono dei **regali** a Christian.

Alle sei, la festa finisce. Le persone vanno a casa. I genitori di Christian li ringraziano. **Christian scarta i suoi regali**. Christian **riceve** scarpe, **abiti** e **giocattoli** nuovi. I suoi genitori gli prendono i **pattini**.

Per cena, Jeanne gli prepara il suo **piatto preferito**. Alle otto cenano. Mangiano maccheroni al **formaggio**.

Christian vede una vecchia chitarra **nel guardaroba. Christian impara da solo a suonare la chitarra**. Sua madre lo **nota**. Gli compra una nuova chitarra. **Lei cerca** una scuola di musica per suo **figlio**. Christian inizia a prendere **lezioni di chitarra**.

A undici anni, Christian canta ad una festa nella sua scuola. Un **insegnante di canto** lo nota. **Saluta Christian** e i suoi genitori. Quindi si presenta. Insegna canto da venticinque anni. Christian ha una bella voce. Cyril desidera insegnargli a cantare. Jeanne e Alain accettano la proposta. È una grande opportunità. Christian incontra un'altra studentessa di Cyril. Il suo nome è Anna. Anna suona il piano. **Christian e Anna hanno la stessa età. Diventano amici.**

A dodici anni, Christian inizia la prima media. In questa scuola prende dei cattivi voti. Christian è troppo concentrato sulla musica e il canto. Suo padre gli chiede di concentrarsi sugli studi. Christian **lascia la musica.** Ottiene voti migliori a scuola.

A sedici anni, Christian inizia le superiori. Impara a **gestire il suo tempo** tra **hobby** e studi. Continua con la musica e il canto. Al liceo, Christian incontra altri giovani. Fanno anche loro musica. Ken suona la chitarra. E Nick la batteria. **Christian va molto d'accordo con Nick e Ken.** Nick invita Christian e Ken a suonare insieme. Ha uno studio a casa. **Lui ha** la **batteria**, una chitarra acustica e un sintetizzatore. Christian invita Anna a suonare con loro.

Sabato mattina, Christian, Ken e Anna vanno a casa di Nick. Nick presenta i suoi nuovi amici ai suoi genitori. Il padre di Nick è un ex **batterista**. Sua madre è una ex **corista**. Sua **sorella maggiore** suona il **violino**. Nick viene da una famiglia di artisti.

I quattro giovani entrano nello studio. Tutti suonano il loro strumento musicale. Suonano **canzoni famose**. Christian e Anna cantano **contemporaneamente.** La mamma di Nick offre del **succo di frutta** a tutti. I quattro giovani diventano inseparabili. L'amore per la musica li unisce.

Alcuni mesi dopo, Cyril li chiama ad animare una festa. Christian, Anna, Nick e Ken sono entusiasti. Ma **hanno paura del palcoscenico. Anna arrossisce.** Ken è **sudato.** Nick ha **mal di stomaco. Le mani di Christian tremano.** Lui e i suoi amici suonano **su un palco** per la prima volta. I loro genitori e famiglie sono tutti presenti.

Alla fine, **va tutto bene.** Il **sistema sonoro** è impeccabile. I **cantanti** cantano bene. La scaletta delle canzoni è ben scelta. Tutti i presenti sono soddisfatti. Il gruppo riceve le congratulazioni del pubblico. Cyril è felice della loro **prestazione.** Gli dà la loro **paga.**

Scende la notte. Christian ha una fame da lupo. Alain desidera **festeggiare** questo primo **successo**. Quindi invita i quattro musicisti al ristorante. Chiama anche Cyril.

Il tempo passa. Christian e i suoi amici finiscono il liceo. Anna lascia il paese. Continua a studiare all'estero. **I suoi studi durano diversi anni**. Christian è **molto triste. Il suo cuore è spezzato**.

Christian si sveglia nel cuore della notte. È ispirato dalla partenza della sua amica. Prende carta e **penna**. Scrive il **testo** di una canzone. Poi Christian prende la sua chitarra. Compone la melodia della canzone. È un brano malinconico. La prima **strofa racconta** un amore impossibile. La seconda parla della separazione. Il **ritornello descrive** i sentimenti del cantante.

Il giorno successivo, Christian canta la sua canzone con la chitarra. Ken, Nick, Cyril, Jeanne e Alain lo ascoltano. **I genitori di Christian sono toccati dalla canzone**. È davvero **commovente**. Ed è una bellissima dichiarazione d'amore. Ken e Nick adorano la canzone.

I tre giovani iniziano la loro carriera professionale nella musica. Reclutano una pianista. Il suo nome è June. June è la nipote di Cyril. Christian, Nick, Ken e June creano la loro band. La chiamano "Ong'Stu". Poi **registrano** la **canzone** di Christian. Il **titolo del brano** è "Per te". Un mese dopo, **viene rilasciato il loro primo singolo.** In pochi giorni, la canzone diventa una **hit**. Christian dedica la canzone ad Anna. Anna si commuove. Lei ringrazia Christian.

Cyril compone tre canzoni per la band Ong'Stu. Anche Christian e June compongono altre canzoni. Alain e Cyril li aiutano.

Dopo sei mesi, Christian, June, Nick e Ken pubblicano il loro primo album. Sei settimane dopo, fanno il loro primo concerto. **I fan riempiono l'auditorium**. Conoscono le canzoni **a memoria**. Lo spettacolo dura un'ora e mezza.

Christian pensa ad Anna. **Il suo sogno diventa realtà**.

Historia 4: La vida de una familia ordinaria.

Aline tiene trece años. Ella es una **estudiante**. A ella le encanta escribir. Su madre le regala un **diario**. Ella escribe sus **pensamientos** en este diario. **Ella lo guarda** en su **cajón**.

De lunes a viernes, Aline **se despierta** a las seis y media de la mañana. **Ella se ducha**. El miércoles, **se lava el pelo**. **Se limpia los oídos. Se cepilla los dientes**. Se corta las **uñas**. Ella **sale del baño** a las seis cuarenta y cinco. **Se seca** con una **toalla**. **Se viste y se pone los zapatos**. **Se peina el pelo**. Ella toma su **mochila**. Sale de su **habitación**.

A las siete en punto va al **comedo**r. **Ella desayuna** con su padre. A las siete y cuarto, ella sale de su casa. Va a la **parada del autobús**. Coge el autobús. A las ocho menos cuarto, llega a la escuela.

El timbre suena a las ocho menos diez. Los estudiantes van a sus **aulas**. Todos se **sientan** en su sitio. Empiezan las clases. El recreo es a las diez menos cuarto. Las clases continúan a las diez en punto. Por la mañana, las clases terminan al mediodía.

Aline va a la **cafetería**. Ella **almuerza** con dos amigas. Después del almuerzo, va a la biblioteca de la escuela. Ella encuentra un lugar donde sentarse. Lee, escribe o **hace sus deberes**. A veces ella **se duerme**.

Por la **tarde,** las clases comienzan a las 13:30. Terminan a las cinco en punto. Aline coge el autobús de vuelta. Aline llega a casa a las dieciocho en punto. Ella **pone** su bolso en su habitación. Ella baja y toma un **tentempié**. Ella se toma un descanso hasta que llega su madre.

La familia cena alrededor de las ocho. Entonces Aline se quita los zapatos, se desviste y se lava. Ella pone su ropa sucia en el **cubo de la lavandería**. Se pone su pijama. Luego **estudia** sus apuntes y hace sus deberes. Ella relata su día en su diario. Aproximadamente a las veintiuno, se acuesta. Ella lee y se queda dormida.

El sábado, Aline se despierta alrededor de las nueve y media. Aline es una chica muy estudiosa. El sábado por la mañana, termina sus deberes **inacabados** del **día anterior**. Entonces ella aprende o revisa sus lecciones.

El sábado por la tarde, Aline sigue las clases de ballet. Su madre la acompaña. Luego **recoge a Aline** a las cuatro en punto.

El domingo, Aline hace algunas actividades con su familia. Se quedan en casa o salen.

La hermana mayor de Aline se llama Leslie. Ella tiene veinticinco años y es una **joven graduada**. **Leslie está desempleada**. Ella vive con sus padres. A ella le encanta **pasar tiempo** con sus amigos. A ella le gusta **chismear con** un amigo. Ella también ama el **maquillaje.**

Cada mañana, Leslie se despierta a las diez en punto. Se prepara y sale de su casa. **Ella cierra la puerta**. Va al garaje de la casa. Se pone el **casco de su motocicleta**. Ella **arranca la moto** y se va.

Leslie tiene un trabajo temporal. Ella es una **camarera** en un pequeño restaurante. **Ella trabaja a tiempo parcial**. A las diez y veinte, llega al restaurante. Ella usa café y come **pan y mantequilla**. Luego se pone su **uniforme de camarera** y comienza a trabajar.

Quentin es un **cliente habitual** del restaurante. **Él corteja a Leslie.** Todos los días, Quentin le **da** a Leslie una **propina generosa**. La joven se siente **incómoda**.

A la una descansa unos quince minutos. **Ella toma un tentempié** y continúa sus servicios. **Leslie no come mucho**. Ella tiene miedo de **engordar. Ella es toda piel y huesos.**

A las seis en punto, Leslie termina sus servicios. A las seis y media, se reúne con sus amigas en un bar.

El viernes por la noche, Leslie y sus amigas salen y van a los **clubes nocturnos**. Ella regresa a la una de la mañana. A veces una amiga suya duerme en su casa. El sábado por la mañana, Leslie está **agotada**. **Ella duerme hasta tarde por la mañana**. Leslie se despierta alrededor del mediodía. Almuerza y por la tarde, ve telenovelas o va al cine con sus amigas.

La madre de Leslie y Aline se llama Stephy. Stephy es una **maestra** de escuela primaria. Stephy ama a los niños y su trabajo. Cada noche, ella prepara las clases para los niños para el día siguiente. Después de los exámenes, a veces se **va tarde a la cama. Ella corrige los exámenes de sus alumnos**. Stephy sabe todos los nombres de sus estudiantes. Los miércoles por la tarde, **no hay escuela. Ella tiene algo de tiempo libre.**

El marido de Stephy se llama Rob. **Rob trabaja en el campo informático**. Rob es un programador. Él trabaja en una oficina. **Siempre** está sentado frente a un **ordenador.** Él **escribe** líneas de código en el **teclado**. Rob también es responsable del mantenimiento de los ordenadores en su lugar de trabajo. Él es el un **ejecutivo de informática. Rob trabaja muchas horas extras**. Aline se da cuenta de que él **trabaja demasiado.** Aline teme que su padre **trabaje demasiado.**

Vocabolario

Estudiante	Studentessa
Diario	Diario
Pensamientos	Pensieri
Guardar (ella lo guarda)	Conservare (lo conserva)
Cajón	Cassetto
Despertarse (Aline se despierta)	Svegliarsi (Aline si sveglia)
Ducharse (ella se ducha)	Fare la doccia (fa la doccia)
Se lava el pelo	Si lava i capelli
Se limpia los oídos	Si pulisce le orecchie
Se cepilla los dientes	Lei si lava i denti
Uñas	Unghie
Baño	Bagno
Secarse (se seca)	Asciugare (si asciuga)
Toalla	Asciugamano
Se viste y se pone los zapatos	Si veste e si mette le scarpe
Se peina el pelo	Lei si pettina i capelli
Mochila	Zaino
Habitación	Camera da letto
Comedor	Sala da pranzo
Desayunar (ella desayuna)	Fare colazione (fa colazione)
Parada del autobús	Fermata dell'autobus
El timbre suena	La campanella suona
Aula	Aula
Se sientan	Siedono
Cafetería	Caffetteria
Almorzar	Pranzo
Hacer los deberes (hace sus deberes)	Fare i suoi compiti (lei fa i compiti)
Se duerme	Si addormenta
Tarde	Pomeriggio

Poner	Lascia
Tentempié	Spuntino
Cubo de la lavandería	Cestino della biancheria
Desvestirse (se desviste)	Spogliarsi (si spoglia)
Estudiar (estudia)	Ripassare (ripassa)
Inacabado(s)	Incompleto
El día anterior	Il giorno prima/la sera prima/la sera prima
Recoge a Aline	Passa a prendere Aline
Joven graduada	Giovane laureato/a
Leslie está desempleada	Leslie è disoccupata
Pasar tiempo	Trascorrere il tempo
Chismear con	Spettegolare con
Maquillaje	Trucco
Ella cierra la puerta	Chiude la porta a chiave
Casco de su motocicleta	Casco per la moto
Ella arranca la moto	La mette in moto
Camarera	Cameriera
Ella trabaja a tiempo parcial	Lavora part-time
Pan y mantequilla	Pane e burro
Uniforme de camarera	Uniforme da cameriere
Cliente habitual	Cliente abituale
Él corteja a Leslie	Fa la corte a Leslie
Propina generosa	Suggerimento generoso
Incómoda	A disagio
Tomar un tentempié (ella toma un tentempié)	Per fare uno spuntino (lei fa uno spuntino)
Leslie no come mucho	Leslie non mangia molto
Engordar	Ingrassare
Ella es toda piel y huesos	è tutta pelle e ossa
Clubes nocturnos	Discoteca
Agotada	Esausta
Ella duerme hasta tarde por la mañana	Lei dorme fino a tardi

Maestra	Insegnante
Se va tarde a la cama	Rimane in piedi fino a tardi
Ella corrige los exámenes de sus alumnos	Corregge i compiti in classe dei suoi studenti
No hay escuela	Non c'è scuola
Ella tiene algo de tiempo libre	Lei ha del tempo libero
Rob trabaja en el campo informático	Rob lavora in campo informatico
Siempre	Sempre
Ordenador	Computer
Escibir (él escribe)	Digitare (digita...)
Teclado	Tastiera
Ejecutivo de informática	Manager informatico
Rob trabaja muchas horas extra	Rob fa molte ore di straordinari
Él trabaja demasiado	Lui lavori troppo
Trabajar demasiado (su padre trabaje demasiado)	Sovraccaricarsi (Peter si sta sovraccaricando)

Storia 4: Vita di una famiglia normale

Aline ha tredici anni. È una **studentessa**. Ama scrivere. Sua madre le regala un **diario**. Lì ci scrive i suoi **pensieri. Lo conserva** in un **cassetto**.

Dal lunedì al venerdì, **Aline si sveglia** alle sei e mezza ogni mattina. **Fa una doccia**. Di mercoledì, **si lava i capelli. Si pulisce le orecchie. Si lava i denti**. Si taglia le **unghie**. Lascia il **bagno** alle sei e quarantacinque. **Si asciuga** con un **asciugamano. Si veste e si mette le scarpe. Si spazzola i capelli**. Prende il suo **zaino**. Quindi la lascia **camera da letto**.

Alle sette si reca nella **sala da pranzo. Fa colazione** con suo padre. Alle sette e un quarto, lascia la casa. Si reca alla **fermata dell'autobus**. Prende l'autobus. Alle sette e quarantacinque arriva a scuola.

La campanella suona alle sette e cinquanta. Gli studenti vanno nelle loro **aule**. Tutti **si siedono** al proprio posto. Le lezioni iniziano. La ricreazione è alle nove e quarantacinque. Le lezioni continuano fino alle dieci. Al mattino le lezioni terminano a mezzogiorno.

Aline si reca in **caffetteria**. Lì consuma il suo **pranzo** con due amiche. Dopodiché, va alla biblioteca della scuola. Prende un posto. Legge, scrive o **fa i suoi compiti**. Qualche volta **si addormenta**.

Nel **pomeriggio**, le lezioni iniziano alle 13:30. Finiscono alle cinque. Aline prende l'autobus. Arriva a casa alle diciotto. **Lascia** la borsa nella sua stanza. Scende e fa uno **spuntino**. Si prende una pausa fino all'arrivo di sua madre.

La famiglia cena intorno alle otto. Poi Aline si toglie le scarpe, **si spoglia** e si lava. Lascia il suo bucato sporco nel **cestino della biancheria**. Si mette il pigiama. Poi **ripassa** le sue lezioni e fa i compiti. Racconta la sua giornata nel suo diario. Verso le 21, va a letto. Legge e si addormenta.

Di sabato, Aline si sveglia alle nove e mezza. È una studentessa diligente. Il sabato mattina termina i compiti **incompleti del giorno prima**. Quindi studia o ripassa le sue lezioni.

Sabato pomeriggio, Aline segue delle lezioni di danza classica. La accompagna lì sua madre. Poi **passa a prendere Aline** alle quattro.

Domenica, Aline svolge alcune attività con la sua famiglia. Stanno a casa o escono.

La sorella maggiore di Aline è Leslie. Ha venticinque anni. È una **giovane laureata. Leslie è disoccupata**. Vive con i suoi genitori. Ama **trascorrere il tempo** con i suoi amici. Le piace **spettegolare** assieme ad un'amica. Anche lei ama il **trucco**.

Ogni mattina Leslie si sveglia alle dieci. Si prepara e esce di casa. **Chiude la porta a chiave**. Si reca al garage di casa. Lì indossa **casco per la motocicletta. La mette in moto** e se ne va.

Leslie ha un lavoro temporaneo. È una **cameriera** in un piccolo ristorante. **Lavora part-time**. Alle dieci e venti, arriva al ristorante. Prende un caffè e mangia **pane e burro**. Quindi indossa la sua **uniforme da cameriera**. Inizia quindi a lavorare.

Quentin è un **cliente abituale** del ristorante. **Sta facendo la corte a Leslie**. Ogni giorno, Quentin dà a Leslie una **generosa mancia**. La ragazza si sente a **disagio**.

All'una fa una pausa di quindici minuti. **Fa uno spuntino** e continua i suoi servizi. **Leslie non mangia molto**. Ha paura di **ingrassare. È tutta pelle e ossa**.

Alle sei Leslie finisce il suo turno. Alle sei e mezza, si riunisce con le sue amiche in un bar.

Il venerdì sera, Leslie e le sue amiche vanno in **discoteca**. Torna all'una del mattino. A volte dorme a casa sua una sua amica. Il sabato mattina, Leslie è **esausta**. **Dorme fino a tardi**. Leslie si sveglia verso mezzogiorno. Pranza. Nel pomeriggio, guarda le telenovele o va al cinema con le sue amiche.

Il nome della madre di Leslie e Aline è Stephy. È un'**insegnante** di scuola elementare. Stephy ama i bambini e il suo lavoro. Ogni sera prepara le lezioni per il giorno successivo. Dopo gli esami, a volte, **rimane in piedi fino a tardi. Corregge i compiti in classe dei suoi studenti**. Stephy conosce tutti i loro nomi. Il mercoledì pomeriggio **non c'è scuola**. Così **lei ha del tempo libero**.

Il marito di Stephy si chiama Rob. **Lavora in campo informatica**. Rob è uno sviluppatore. Lavora in un ufficio. È **sempre** seduto di fronte a un **computer**. **Digita** linee di codice sulla **tastiera**. Rob è anche responsabile della manutenzione dei computer sul posto di lavoro. Lui è un **manager informatico**. **Rob fa molte ore di straordinari**. Aline ritiene che **lui lavori troppo**. Aline teme che suo padre **si stia sovraccaricando**.

Historia 5: Viajes, turismo y vacaciones.

Es verano. Es la **temporada de vacaciones**. **Nicolas planea un viaje** con su familia. Él va a la **agencia de viajes**. Un **agente de viajes** le da la bienvenida:

- Hola señor. ¿Qué puedo hacer por usted?

- Hola, me gustaría **comprar unos billetes de avión** para viajar a París, por favor.

- ¿Cuándo se va?

- **El viernes que viene.**

- ¿Cuántos necesita?

- Necesito cuatro billetes, dos para adultos y dos para niños.

Nicolas consigue los billetes y **se va a casa**. Él envía un correo electrónico a Sid para confirmar su **vuelo**. Sid es el hermano de Nicolas. Sid vive en Francia. Los hijos de Nicolas, Chanel y Charlie, están felices. Esta es la primera vez que van a Francia. Jenny, la esposa de Nicolas, está muy agradecida. **Ella le da un beso en la mejilla.**

El jueves, Jenny prepara el **equipaje.** Nicolas revisa los pasaportes de todos. Él pone su pasaporte y los pasaportes de los niños en su **equipaje de mano**.

El viernes por la mañana, Jenny compra un pequeño regalo para Martin. Martin es el **sobrino de su marido.** Él es el hijo de Sid.

A las siete en punto de la tarde, **Nicolas, Jenny y Evan**, su **conductor, cargan el equipaje** en el **coche**. A las siete y media, todos suben al coche. Se van al aeropuerto. A las ocho en punto, llegan al estacionamiento del aeropuerto. Nicolas pone el equipaje en un **carrito**.

Nicolas, Jenny y los niños van al **mostrador de facturación** para **registrarse**. Se verifican los pasaportes y entradas. Las **maletas** se **pesan**. Luego el equipaje es enviado a la **bodega** desde el avión. **Todos** toman su **tarjeta de embarque**. Nicolas y su familia se dirigen a su **puerta de embarque.** Pasan las **aduanas**.

Esperan la hora de embarque en la sala de espera. A las diez y media, **los pasajeros suben a bordo.** En el avión, **los auxiliares de vuelo** saludan a los pasajeros. Una **azafata sonríe** a Chanel y Charlie. Todos se sientan en su **asiento**. Los pasajeros se abrochan el **cinturón de seguridad**. El avión **despega.**

El avión llega aproximadamente a las siete de la mañana. El avión **aterriza**. Nicolas y su familia salen del avión. Los asistentes de vuelo les dan la bienvenida a Francia. Nicolas y su familia sacan su equipaje del **reclamo de equipaje**. Sid va a recogerlos al aeropuerto. Él está feliz de verlos de nuevo. Chanel y Charlie no recuerdan a su tío Sid. Nicolas presenta a su hermano a sus hijos.

Cargan el equipaje en el coche de Sid. Después de media hora en coche, llegan a casa de Sid. La casa de Sid es grande y bonita. Nicolas y su familia se quedan en París por una semana. Se **quedan** con Sid durante su estancia en París. Cynthia y Martin saludan a los viajeros en la **puerta.** Cynthia es la esposa de Sid. La habitación de Nicholas y Jenny está en el **primer piso.** La habitación de Chanel y Charlie está **cerca de** la habitación de sus padres.

Cynthia sirve el desayuno. Los niños beben chocolate caliente y comen croissants. Los adultos beben té y comen pan de queso. Los niños están **llenos** y **cansados.** Charlie se queda dormido en el **sofá** del **salón.** Jenny lo toma en sus brazos y lo lleva a su habitación. Ella lo pone en la cama. Jenny le quita los zapatos a su hijo. Ella lo **cubre** con una **sábana.** Chanel **bosteza.** Ella también quiere dormir. Sube a su habitación y duerme cerca de su hermano.

Su padre hace una siesta en la habitación contigua. Jenny se baña en la bañera. Cynthia lava los platos. Sid va a trabajar. Martin juega con videojuegos.

Jenny termina su baño y se viste cómodamente. Luego acompaña a Cynthia **para hacer la compra**. Las dos mujeres se cuentan sus vidas como madres. Una hora y media después, **vuelven a casa y cocinan el almuerzo.**

Chanel y Charlie se despiertan. Charlie juega con los videojuegos con su primo Martin. Chanel también quiere jugar con ellos. Pero Charlie se niega. Chanel insiste pero los dos chicos no quieren. Chanel se **entristece.**

Sale y **camina** por el gran **patio** de la casa. Ella ve la **piscina** de la casa. Ella le pregunta a su madre si puede **nadar**. Pero Jenny todavía está **ocupada.** Chanel no puede nadar sola **sin supervisión.**

Chanel va a la sala de estar. Mira la televisión. **La niña suspira. Está aburrida y se queda dormida otra vez.**

Durante una semana, **Nicolas y su familia visitan** la ciudad de París.

Nicolas y su familia compran **billetes de tren** para la ciudad de Marsella. **Lamentablemente**, retrasan. **Pierden el tren**. Toman el siguiente tren. Cuatro horas más tarde, llegan a Marsella. Alquilan una **habitación familiar** en un hotel. Los niños tienen hambre. Nicolas pide la comida.

El día siguiente, Nicolas y su familia visitan a una amiga de Jenny che se llama Bea. El marido de Bea se llama Claude. Claude está ausente. Lleva una semana viajando. Claude y Bea tienen dos hijos: una niña y un niño. Marine y Steven tienen aproximadamente la misma edad que Chanel y Charlie. Bea, Jenny y los niños se ponen su **traje de baño**. Ellos van a la playa.

Marine y Steven construyen un castillo de arena. Chanel observa a Marine y Steven. **Se toman el pelo mutuamente** y se divierten mucho. Chanel y su hermano nunca juegan juntos. Su relación es muy diferente de la relación entre Marine y Steven. Marine y Steven están cerca. Chanel y Charlie no tienen una relación muy estrecha. Steven se acerca a Chanel y le habla:

- Chanel, ¿quieres jugar con mi hermana y conmigo?

- ¿Quieres que juegue contigo?

- Pues, **sigues estando sentada sin hacer nada.**

- Te estoy mirando.

- Eres una niña y estás de vacaciones. Se supone que debes divertirte. Nuestras mamás son viejas. Están sentadas allí sin hacer nada porque están cansadas. Prefieren charlar. Ven y disfruta con nosotros.

- ¡Bueno!

Chanel está feliz de encontrar nuevos amigos para jugar.

Vocabolario

Es verano	È estate
Temporada de vacaciones	Stagione delle vacanze
Planear un viaje (Nicolas planea un viaje)	Pianificare un viaggio (Nicholas pianifica un viaggio)
Agencia de viajes	Agenzia di viaggi
Agente de viajes	Agente turistico
Comprar unos billetes de avión	Acquistare biglietti aerei
El viernes que viene	Venerdì prossimo
Irse a casa (se va a casa)	Andare a casa (va a casa)
Vuelo	Volo
Ella le da un beso en la mejilla	Gli dà un bacio sulla guancia
Equipaje	Bagagli
Equipaje de mano	Valigetta
Sobrino de su marido	Nipote acquisito
Cargar el equipaje (Nicolas, Jenny y Evan cargan el equipaje)	Caricare i bagagli (Nicolas, Jenny ed Evan caricano i bagagli)
Coche	Auto
Conductor	Autista
Carrito	Trolley
Mostrador de facturación	Banco del check in
Registrarse	Check In
Maletas	Valigie
Pesar	Pesare
Bodega	Stiva
Todos	Tutti
Tarjeta de embarque	Carta d'imbarco
Puerta de embarque	Gate di imbarco
Aduanas	Dogana
Subir a bordo (los pasajeros suben a bordo)	Imbarcarsi (i passeggeri si imbarcano)

Spanish	Italian
Auxiliar(es) de vuelo	Assistenti di volo
Una azafata sonríe	Una hostess sorride
Asiento	Posti
Cinturón de seguridad	Cintura di sicurezza
Despegar	Decollare
Aterrizar	Atterrare
Reclamo de equipaje	Ritiro bagagli
Se quedan	Rimangono
Puerta	Porta di casa
Primer piso	Primo piano
Cerca de	Vicino
Cynthia sirve el desayuno	Cynthia serve la colazione
Los niños beben chocolate caliente	I bambini bevono della cioccolata calda
Lleno(s)	Sazi
Cansado(s)	Stanchi
Sofá	Divano
Salón	Soggiorno
Cubre	Coprire
Sábana	Lenzuolo
Bosteza	Sbadiglio
Su padre hace una siesta	Il loro padre fa un pisolino
Habitación contigua	Stanza accanto
Jenny se baña	Jenny fa il bagno
Bañera	Vasca da bagno
Cynthia lava los platos	Cynthia lava i piatti
Sid va a trabajar	Sid va al lavoro
Martin juega con videojuegos	Martin gioca ai videogame
Hacer la compra	Fare la spesa
Vuelven a casa	Tornano a casa
Cocinan el almuerzo	Preparano il pranzo
Entristece	Triste
Camina	Passeggia

Patio	Cortile
Piscina	Piscina
Nadar	Nuotare
Ocupada	Occupata
Sin supervisión	Supervisione
La niña suspira	La bambina sospira
Está aburrida y se queda dormida otra vez	È annoiata e si addormenta di nuovo
Visitar (Nicolas y su familia visitan)	Andare a visitare (Nicholas e la sua famiglia vanno a visitare la città)
Billetes de tren	Biglietti del treno
Lamentablemente	Sfortunatamente
Pierden el tren	Perdono il treno
Habitación familiar	Stanza familiare
Traje de baño	Costume da bagno
Marine y Steven construyen un castillo de arena	Marine e Steven costruiscono un castello di sabbia
Tomarse el pelo (se toman el pelo)	Prendersi in giro a vicenda (si prendono in giro a vicenda)
Sigues estando sentada sin hacer nada	Stai lì senza fare nulla

Storia 5: Viaggi, turismo e vacanze

È estate. È la **stagione delle vacanze**. **Nicolas pianifica un viaggio** con la sua famiglia. Va all'**agenzia di viaggi**. Un **agente turistico** lo accoglie:

- Salve signore. Cosa posso fare per lei?
- Salve, vorrei **acquistare dei biglietti aerei** per Parigi, gentilmente.
- Quando parte?
- **Venerdì prossimo.**
- Quanti biglietti desidera acquistare?
- Ho bisogno di quattro biglietti aerei, per due adulti e due bambini.

Nicolas riceve i biglietti e **va a casa**. Invia un'e-mail a Sid per confermare il suo **volo**. Sid è il fratello di Nicolas. Sid vive in Francia. I figli di Nicolas - Chanel e Charlie - sono felici. È la prima volta che vanno in Francia. Jenny - La moglie di Nicolas – lo ringrazia. **Gli dà un bacio sulla guancia.**

Giovedi, Jenny prepara i **bagagli**. Nicolas controlla i passaporti di tutti. Mette il suo e quelli dei bambini nella sua **valigetta**.

Venerdì mattina, Jenny compra un piccolo regalo per Martin. Martin è suo **nipote acquisito.** È il figlio di Sid.

Alle diciannove, **Nicolas, Jenny ed Evan** - il loro **autista - caricano i bagagli** nell'**auto**. Alle diciannove e trenta, tutti entrano in macchina. Partono per l'aeroporto. Alle otto, arrivano al parcheggio. Nicolas mette i bagagli in un **carrello.**

Nicolas, Jenny e i bambini vanno al **banco del check-in.** Passaporti e biglietti vengono verificati. Le **valigie** vengono **pesate**. Quindi il bagaglio viene inviato nella **stiva** dell'aereo. **Tutti** prendono la loro **carta d'imbarco.** Nicolas e la sua famiglia si dirigono verso il loro **gate di imbarco.** Passano la **dogana.**

Aspettano l'imbarco nella sala d'attesa. Alle ventidue e trenta, **i passeggeri si imbarcano.** Sull'aereo, gli **assistenti di volo** salutano i passeggeri. Una **hostess sorride** a Chanel e Charlie. Tutti si siedono ai loro **posti**. I passeggeri fissano la **cintura di sicurezza**. L'aereo **decolla**.

L'aereo arriva verso le sette del mattino. L'aereo a**tterra**. Nicolas e la sua famiglia lasciano il volo. Gli assistenti li accolgono in Francia. Nicolas e la sua famiglia prendono le valigie dalla zona di **ritiro bagagli**. Sid va a prenderli con la famiglia all'aeroporto. È felice di rivederli. Chanel e Charlie non ricordano lo zio Sid. Nicolas presenta suo fratello ai suoi figli.

Le valigie vengono caricate nella macchina di Sid. Dopo mezz'ora di auto, arrivano a casa di Sid. La casa di Sid è bella e grande. Nicolas e la sua famiglia rimangono a Parigi per una settimana. **Soggiornano** da Sid durante il loro viaggio a Parigi. Cynthia e Martin salutano i viaggiatori **alla porta di casa**. Cynthia è la moglie di Sid. La stanza di Nicholas e Jenny è al **primo piano**. La stanza di Chanel e Charlie è **vicino** alla stanza dei genitori.

Cynthia serve la colazione. I bambini bevono della cioccolata calda e mangiano dei croissant. Gli adulti bevono del tè e mangiano pane al formaggio. I bambini sono **sazi**. E anche **stanchi**. Charlie si addormenta sul **divano** in **soggiorno**. Jenny lo prende tra le sue braccia. Lo porta nella sua stanza. Lo lascia sul letto. Jenny toglie le scarpe a suo figlio. **Lo copre** con un **lenzuolo**. Chanel fa uno **sbadiglio**. Vuole dormire anche lei. Va nella sua stanza e dorme vicino a suo fratello.

Il loro padre fa un pisolino nella **stanza accanto. Jenny fa il bagno** nella **vasca da bagno. Cynthia lava i piatti. Sid va al lavoro. Martin gioca ai videogame.**

Jenny finisce di fare il bagno e si veste comodamente. Quindi accompagna Cynthia a **fare la spesa**. Le due donne si raccontano la loro vita da madri. Un'ora e mezza dopo, **tornano a casa. Preparano il pranzo.**

Chanel e Charlie si svegliano. Charlie gioca ai videogame con suo cugino Martin. Chanel vuole anche lei giocare con loro. Ma Charlie non vuole. Chanel insiste ma i due ragazzi dicono di no. Chanel è **triste**.

Lei esce e **passeggia** nel grande **cortile** della casa. Vede la **piscina** della casa. Chiede a sua madre se può **nuotare**. Ma Jenny è ancora **occupata**. Chanel non sa nuotare da sola senza nessuna **supervisione**.

Chanel va in soggiorno. Guarda la televisione. **La bambina sospira. È annoiata e si addormenta di nuovo.**

Per una settimana, **Nicolas e la sua famiglia vanno a visitare** la città di Parigi.

Nicolas e la sua famiglia comprano i **biglietti del treno** per la città di Marsiglia. **Sfortunatamente,** sono in ritardo. **Perdono il treno**. Prendono quello successivo. Quattro ore dopo, arrivano a Marsiglia. Affittano una **stanza familiare** in un hotel. I bambini hanno fame. Nicolas ordina da mangiare.

Il giorno dopo, Nicolas e la sua famiglia visitano un'amica di Jenny. Il suo nome è Bea. Il marito di Bea si chiama Claude. Claude è assente. Ha viaggiato per una settimana. Claude e Bea hanno due figli: un maschietto e una femminuccia. Marine e Steven hanno circa la stessa età di Chanel e Charlie. Bea, Jenny e i ragazzi indossano il loro **costume da bagno**. Stanno andando al mare.

Marine e Steven costruiscono un castello di sabbia. Chanel osserva Marine e Steven. **Si prendono in giro a vicenda** e si divertono molto. Chanel e suo fratello non giocano mai insieme. La loro relazione è così diversa da quella tra Marine e Steven. Marine e Steven sono intimi. Chanel e Charlie non lo sono quanto loro. Steven si avvicina a Chanel e gli parla:

- Chanel, vuoi giocare con me e mia sorella?
- Vuoi che io giochi con te?
- **Stai lì senza fare nulla.**
- Vi sto guardando.
- Sei una bambina e sei in vacanza. Dovresti divertirti. Le nostre mamme sono grandi. Stanno sedute lì a fare niente, perché sono stanche. Preferiscono chiaccherare. Vieni e divertiti con noi.
- Va bene!

Chanel è felice di trovare nuovi amici con cui giocare.

Historia 6: Los trabajos

Julia trabaja como **empleada doméstica** en una casa. Cada mañana, de lunes a sábado, empieza a trabajar a las siete y media. Ella prepara el desayuno para la familia. Pone agua en una **cacerola**. Enciende el **hornillo de gas para calentar** el agua. Ella compra pan y bollos. A su regreso, **el agua está hirviendo**. Julia hace té. Luego ella pone el té en un termo. Ella está calentando la **leche**.

Julia pone la mesa. Pone pan, mantequilla, **azúcar**, un tarro de **mermelada**, bollos, té, leche y una **cesta de frutas** sobre la mesa. **La cesta de frutas contiene** plátanos, **uvas** y **manzanas**. Ella coloca los **platillos** sobre la mesa. Pone las **tazas** en los platillos. Coloca las **servilletas** cerca de las tazas. Luego coloca **cucharas, tenedores** y **cuchillos** en las servilletas. El desayuno esta listo.

La familia desayuna. Los adultos van al trabajo, los niños van a la escuela y los jóvenes van a estudiar. **Julia quita la mesa** y frega los platos.

Julia hace las compras. Ella compra pepino, tomate, vinagre, **dientes de ajo,** maíz, **aceite, embutidos,** queso, limón, pasta y **sal**. Julia corta el queso, los embutidos y las **verduras** en cubitos. Ella **corta el diente de ajo.** Cocina la pasta. Prepara una salsa de vinagreta. **Julia lo mezcla** todo en una **ensaladera**. Pone la ensalada de pasta en la **nevera**. Julia hace **zumo de limón** y lo pone la nevera.

Ella limpia el **piso** de las **habitaciones** de la casa con una **escoba**. Luego **pasa la aspiradora**. **Desempolvora** los **muebles**. Hace la **cama** en la habitación del niño. Está lavando el **lavabo**, la bañera y el cristal de la ducha. Está lavando el inodoro. Ella está lavando los **azulejos** de la **terraza interior**. **Riega las plantas** y lava los **cristales de las ventanas** de la casa. Entonces Julia se lava las manos.

A las once y media, **Julia pone la mesa**. Los niños llegan a casa alrededor del mediodía. Comen la ensalada de pasta preparada por Julia. Luego vuelven a la escuela. Julia limpia la mesa y lava los platos.

Por la tarde, **Julia hace la colada** con **la lavadora**. Luego **cuelga la ropa**. **Plancha** la ropa **seca**. Julia vuelve a casa a las cuatro en punto.

Julia ha sido **viuda** durante años. Ella no está casada y no tiene hijos. Pero tiene una sobrina. Su nombre es Cathy. Cathy vive con Julia. Cathy ha sido **huérfana** desde que era una adolescente. Ella es encantadora, inteligente y amable. Ella ama a Julia como si fuese su madre. Las dos mujeres son muy cercanas.

Cathy trabaja como **secretaria ejecutiva**. De lunes a viernes, se levanta a las seis y media. Se prepara y llega al trabajo a las siete y cincuenta. Su jefe, George, siempre llega a la **oficina** alrededor de las nueve y media de la mañana. George es el **gerente** de la empresa. Cuando ella llega a la oficina, Cathy le prepara un café. A veces George come un panecillo con su café.

Entonces Cathy le recuerda las tareas del día. Cathy planea las tareas. Ella organiza las reuniones. **Toma notas** durante las **reuniones** de George con colegas o socios de la empresa. Luego **escribe** el **informe** de las reuniones. Cuando George se va de **viaje de negocios, graba** las reuniones con su teléfono inteligente. George envía los archivos de audio por **correo electrónico.** Cathy los recibe. Entonces ella hace la transcripción de los **archivos**. Escucha reuniones y escribe informes.

Cathy contesta las **llamadas telefónicas**. Ella registra los nombres y mensajes de las personas que llaman. Cathy también contacta a los clientes.

Cathy es responsable de todas las tareas administrativas. George está satisfecho con los servicios de Cathy. Cathy es responsable, seria, hábil y tiene excelentes **habilidades para escuchar**. Con frecuencia recibe una **bonificación** por la calidad de su trabajo. Después de dos años de servicio **en** la empresa, Cathy recibe un **aumento de sueldo**.

Para celebrar su promoción, Cathy invita a su tía Julia a cenar en el restaurante. Cathy también compra **tacones** nuevos y un hermoso **vestido de noche**. Julia le agradece por su generosidad. La semana siguiente, Julia prepara el plato favorito de Cathy para agradecerle. Julia le desea todo el éxito en su carrera.

El nombre del hermano de George es Gerard. Gerard es un doctor. Cada mañana, se despierta **temprano**. Se prepara y se va a trabajar. Gerard tiene su propio **consultorio médico**. **Él examin**a a los pacientes. Escribe la **receta**. Los pacientes pagan la **tarifa** de consulta médica.

Los pacientes compran los medicamentos en la **farmacia**.

Lilly es una **enfermera**. Ella está ayudando al Dr. Gerard.

Vocabolario

Trabajo(s)	Mestiere(i)
Empleada doméstica	Colf
Cacerola	Casseruola
Hornillo de gas	Fornello a gas
Calentar	Riscaldare
El agua está hirviendo	L'acqua sta bollendo
Leche	Latte
Julia pone la mesa	Julia prepara la tavola
Azúcar	Zucchero
Mermelada	Marmellata
Contener (la cesta de frutas contiene…)	Contenere (il cesto di frutta contiene...)
Uvas	Uva
Manzana(s)	Mela(e)
Platillo(s)	Piattino(i)
Taza(s)	Tazza(e)
Servilleta(s)	Tovagliolo(i)
Cucharas	Cucchiai
Tenedores	Forchette
Cuchillos/cuchillo	Coltelli/coltello
Julia quita la mesa	Julia sparecchia la tavola
Diente de ajo	Spicchio d'aglio
Aceite	Olio
Carne	Carne
Embutidos	Salumi
Sal	Sale
Verduras	Verdure
Ella corta el diente de ajo	Lei taglia l'aglio a pezzi
Mezclar (Julia lo mezcla)	Mescolare (Julia mescola ...)
Ensaladera	Insalatiera
Nevera	Frigorifero

Zumo de limón	Succo di limone
Limpiar (ella limpia)	Pulire (pulisce)
Piso	Pavimento
Habitación/habitaciones	Camera(e)
Escoba	Scopa
Pasa la aspiradora	Passa l'aspirapolvere in casa
Desempolvorar (desempolvora)	Spolverare (lei spolvera ...)
Muebles	Mobili
Hace la cama	Lei fa il letto
Lavabo	Lavabo
Azulejos	Piastrella(e)
Terraza interior	Veranda
Riega las plantas	Innaffia i fiori
Cristales de las ventanas	Pannelli di vetro
Julia pone la mesa	Julia apparecchia la tavola
Hacer la colada (Julia hace la colada)	Fare il bucato (lei fa il bucato)
Lavadora	Lavatrice
Cuelga la ropa	Lei stende il bucato
Plancha	Stira
Seca	Asciutto
Viuda	Vedova
Secretaria ejecutiva	Assistente esecutivo segretario esecutivo
Oficina	Ufficio
Gerente	Manager
Toma notas	Prende appunti
Reunión/reuniones	Meeting
Escribe	Lei scrive
Informe	Verbale
Viaje de negocios	Viaggio di lavoro
Graba	Lui registra
Correo electrónico	E-mail

Archivo(s)	File
Llamada(s) telefónica(s)	Telefonate (Chiamate Telefoniche)
Habilidades para escuchar	Capacità di ascolto
Bonificación	Bonus
En	Con
Aumento de sueldo	Aumento di stipendio
Tacones	Scarpe col tacco
Vestido de noche	Abito da sera
Temprano	Presto
Consultorio médico	Studio medico
Examinar (él examina)	Esaminare (egli esamina ...)
Receta	Ricetta
Tarifa	Tassa
Farmacia	Farmacia
Enfermera	Infermiera

Storia 6: I mestieri

Julia lavora come **colf** in una casa. Ogni mattina, dal lunedì al sabato, inizia a lavorare alle sette e trenta. Prepara la colazione di famiglia. Mette l'acqua in una **casseruola**. Accende il **fornello a gas per riscaldare** l'acqua. Compra pane e focacce. Al suo ritorno, **l'acqua sta bollendo**. Julia prepara il tè. Quindi lo mette in un thermos. Poi scalda il **latte**.

Julia prepara la tavola. Mette le gallette, il burro, lo **zucchero**, un barattolo di **marmellata**, i panini, il tè, il latte e un **cesto di frutta** sul tavolo. **Il cesto di frutta contiene** banane, **uva** e **mele**. Colloca i **piattini** sul tavolo. Mette le **tazze** sui piattini. Posiziona i **tovaglioli** vicino alle tazze. Quindi **cucchiai**, **forchette,** e **coltelli** su di essi. La colazione è servita.

La famiglia fa colazione. Gli adulti vanno a lavoro, i bambini a scuola e i giovani a studiare. **Julia sparecchia la tavola** e lava i piatti.

Julia fa la spesa. Compra cetrioli, pomodori, aceto, **aglio**, mais, **olio**, **salumi**, formaggio, limone, pasta e **sale**. Julia taglia il formaggio, i salumi e le **verdure** in piccoli cubetti. **Taglia lo spicchio d'aglio**. Cuoce la pasta. Poi prepara una salsa vinaigrette. **Julia mescola** tutto in una **insalatiera**. Mette quindi l'insalata di pasta nel **frigorifero**. Julia poi prepara un **succo di limone**. Lo mette nel frigorifero.

Pulisce il **pavimento** delle **camere** in casa con una **scopa**. Poi **passa l'aspirapolvere. Spolvera i mobili. Fa il letto** nella stanza del bambino. Pulisce il **lavello**, la vasca da bagno e lo specchio doccia. Lavando il bagno. Lava le **piastrelle** della **veranda**. **Innaffia i fiori** e lava i **pannelli di vetro** della casa. Poi si lava le mani.

Alle undici e mezza **Julia apparecchia la tavola.** I bambini arrivano a casa verso mezzogiorno. Mangiano l'insalata di pasta preparata da Julia. Poi tornano a scuola. Julia sparecchia la tavola e lava i piatti.

Nel pomeriggio, **Julia fa il bucato** con la **lavatrice**. Poi lo
stende. **Stira** i vestiti **asciutti**. Julia torna a casa alle quattro.

Julia è **vedova** da anni. Non è sposata e non ha figli. Ma ha una
nipote di nome Cathy. Vive con Julia. Cathy è orfana da quando era
adolescente. È bella, intelligente e gentile. Ama Julia come una
madre. Le due donne sono molto vicine.

Cathy lavora come **segretaria esecutiva**. Dal lunedì al venerdì, si
sveglia alle sei e mezza. Si prepara e arriva al lavoro alle sette e
cinquanta. Il suo capo, George, arriva sempre in **ufficio** verso le
nove e mezza del mattino. George è il **manager** della
società. Quando arriva in ufficio, Cathy gli prepara il caffè. A volte
George accompagna il caffè con un muffin.

Quindi Cathy gli ricorda le cose da fare durante il giorno. Cathy
pianifica i compiti. Organizza gli incontri. **Prende appunti** durante i
meeting di George con colleghi o soci dell'azienda. Poi **scrive** il
verbale degli incontri. Quando George fa qualche **viaggio di lavoro**,
registra gli incontri con il suo smartphone. George invia i file audio
via **e-mail**. Cathy li riceve. Quindi fa la trascrizione del **file**. Ascolta
le riunioni e scrive relazioni.

Cathy risponde alle **chiamate telefoniche**. Registra i nomi e i
messaggi delle persone che chiamano. Cathy contatta anche i clienti.

Cathy è responsabile di tutti i compiti amministrativi. George è
soddisfatto del suo servizio. È responsabile, seria, competente ed ha
una grande **capacità di ascolto**. Spesso riceve dei **bonus** per la
qualità del suo lavoro. Dopo due anni di servizio **con** la compagnia,
Cathy ottiene un **aumento di stipendio**.

Per celebrare la sua promozione, Cathy invita la zia Julia a cenare al
ristorante. Cathy compra anche nuove **scarpe col tacco** e un
bell'**abito da sera**. Julia la ringrazia per la sua generosità. La
settimana seguente, Julia prepara il piatto preferito di Cathy per
ringraziarla. Julia le augura ogni successo nella sua carriera.

Il nome del fratello di George è Gerard. È un dottore. Ogni mattina, si sveglia **presto**. Si prepara e si mette al lavoro. Gerard ha il suo **studio medico**. **Lui esamina** i pazienti. Lui scrive le **ricette**. I pazienti pagano una **tassa** per la visita medica.

I pazienti comprano i farmaci in **farmacia**.

Lilly è un'**infermiera**. Aiuta il dott. Gerard.

Historia 7: Boda

Adam y Barbara han estado juntos por seis años. Para el cumpleaños de Barbara, Adam la invita a cenar a su casa. Al **final** de la cena, **Adam le pide la mano. Barbara y Adam se comprometen. Barbara le da la noticia** a su familia.

Adam y Barbara están preparando su **boda. Establecen una fecha** para la ceremonia de **boda**: eligen el día del aniversario de su **primer encuentro.** Adam y Barbara calculan el presupuesto de la boda. **Quieren que todo sea perfecto en su gran día.**

Adam y Barbara enumeran los preparativos para la boda:

- El **vestido de novia**
- El **peinado** y los complementos de la novia: **velo**, zapatos, maquillaje y **joyería** de la novia
- El **traje** del novio
- Los **anillos de boda**
- El **coordinador de bodas**
- Los **testigos de boda** de la novia y los testigos del novio
- Los vestidos de las **damas de honor**
- Los trajes de los **padrinos**
- La **lista de invitados**
- Las **tarjetas de invitación**
- El transporte
- El **ramo de la novia** y las **flores**
- La **ceremonia de boda**
- La decoración de la capilla
- El **desayuno de la boda**
- Las **bebidas**
- La **tarta nupcial**
- La **estatuilla de la pareja**
- La **sala de recepción**
- La decoración de la habitación
- La **tabla de asientos**
- La orquesta y el disc jockey para la animación
- La canción de apertura

- El baile de apertura
- El fotógrafo y el camarógrafo

Adam y Barbara comienzan los **preparativos antes de la boda**. Barbara contrata a Suzie como coordinadora de bodas.

Una modista hace el **vestido de novia** de Bárbara. La modista es Brooke. Barbara le muestra el modelo del vestido.

Adam le pide a su primo Richard que sea su testigo. Los padrinos de boda son el hermano pequeño y el primo de Adán. Las damas de honor son las dos hermanas menores de Barbara. Adeline, la tía de Barbara, es la testigo de su boda.

Barbara escribe el texto de invitación para la boda:

"Adam y Barbara se complacen en invitarles a su ceremonia de boda el sábado 21 de febrero de 2009 a las 11:00 en la Capilla Saint John. Nos complace invitarles a almorzar en el Espace des Colombes después de la ceremonia.

Les agradeceríamos si pudieran confirmar su presencia antes del 15 de febrero ".

Barbara le da el texto a Suzie. Suzie **imprime** el **anuncio de la boda**. Suzie escribe los nombres de los invitados en las tarjetas de invitación. Barbara envía las invitaciones a los **invitados**.

Adam y Barbara toman clases de baile para su boda.

El día de su boda, Barbara se despierta a las seis de la mañana. **Ella se baña**. La **maquilladora** y la **peluquera** llegan a su casa.

Bárbara sale de su baño y se seca. Se prepara. Se pone su vestido blanco. La maquilladora empieza a maquillarle. La peluquera arregla su cabello. Barbara se pone el collar y los **pendientes**. A las nueve en punto Barbara está lista. El fotógrafo saca fotos de la bella novia. El carruaje de la novia pasa a recoger a Barbara a las nueve y media. Ella llega a la **iglesia** a las diez y media. Los invitados llenan los **bancos** de la iglesia **poco a poco.**

A las diez y cincuenta, Adam está **de pie** frente al **altar**. A las once en punto, el organista toca una melodía. Los padrinos de boda y las damas de honor hacen su entrada. Entonces la audiencia se levanta. La novia está entrando. Su padre la acompaña al altar. Barbara se une a su futuro esposo frente al altar. El público se sienta. El cura comienza la ceremonia.

Adam y Barbara ahora son marido y mujer. El organista interpreta la **marcha nupcial**. Los recién casados salen de la iglesia. Los invitados los felicitan.

Los recién casados y los invitados llegan al Espace des Colombes alrededor de las doce y media. Los invitados miran la tabla de asientos y se sientan. Adam y Barbara bailan en la canción de apertura de su boda. La canción de apertura se reproduce una segunda vez. Los invitados bailan con los novios.

Alrededor de las cuatro en punto, la novia y el novio cortan la tarta. Abren una **botella de champán.** Los invitados aplauden. Adam y Barbara toman fotos con los grupos invitados.

Alrededor de los diecisiete treinta, **la novia arroja el ramo.** Una tía de Adán atrapa el ramo. Los invitados entregan los regalos de boda a los recién casados. La fiesta termina alrededor de las diecinueve. Los invitados desean una buena y feliz vida matrimonial a Barbara y Adam. Los recién casados pasan la **noche de bodas** en una habitación del hotel. Comienzan una nueva **etapa** en sus vidas.

Al día siguiente, se van de **luna de miel**. Ellos vuelan a **Mauricio**. Alquilan la **suite nupcial** de un **hotel de lujo.**

Barbara se pone **morena** en la **playa**. Se duerme. **Adam nada en el mar.**

Los recién casados se encuentran con otra pareja: Michel y Jessica. Michel y Jessica también están en su luna de miel. Jessica es una vieja compañera de clase de Barbara. Ambas parejas viven en el mismo hotel. **Michael y Adam se conocen**. Jessica y Barbara comparten recuerdos del colegio.

Por la noche, las dos parejas cenan juntas**. Se la pasan muy bien**.

Vocabolario

Adam y Barbara han estado juntos por seis años	Adam e Barbara sono stati insieme per sei anni
Final	Fine
Adam le pide la mano	Adam le chiede la mano
Adam y Barbara se comprometen	Barbara e Adam si fidanzano
Dar la noticia (Barbara le da la noticia)	Dare la notizia (Barbara dà la notizia)
Boda	Matrimonio
Establecen una fecha	Fissano una data
Primer encuentro	Primo incontro
Quieren que todo sea perfecto en su gran día	Vogliono che tutto sia perfetto nel loro grande giorno
Vestido de novia	Vestito da sposa
Peinado	Acconciatura
Velo	Velo
Joyería	Gioielli
Traje	Completo da uomo
Anillos de boda	Fedi nuziali
Coordinador de bodas	Wedding planner
Testigos de boda	Testimoni di matrimonio
Damas de honor	Damigelle
Padrinos	Testimoni/Compari
Lista de invitados	La lista degli invitati
Tarjetas de invitación	Inviti
El ramo de la novia	Il bouquet della sposa
Flores	Fiori
La ceremonia de boda	La cerimonia matrimoniale
El desayuno de la boda	Prima colazione
Bebidas	Bevande
Tarta nupcial	Torta nuziale
Estatuillas de la pareja	Pupazzetti della coppia

Sala de recepción	Sala ricevimenti
Tabla de asientos	Piantina dei posti a sedere
Preparativos antes de la boda	Preparativi prima del matrimonio
Una modista hace el vestido de novia	Una sarta confeziona il vestito da sposa
Imprime	Stampa
Anuncio de la boda	Annuncio di matrimonio
Invitados	Ospiti
Ella se baña	Lei fa un bel bagno
Maquilladora	Truccatore
Peluquera	Parrucchiere
Pendientes	Orecchini
Iglesia	Chiesa
Banco(s)	Banco/Banchi
Poco a poco	Poco a poco
De pie	In piedi
Altar	Altare
Marcha nupcial	La marcia nuziale
Los recién casados	Gli sposi
Botella de champán	Bottiglia di champagne
La novia arroja el ramo	La sposa lancia il bouquet
Noche de bodas	Prima notte di nozze
Etapa	Fase
Luna de miel	Luna di miele
Mauricio	Isole Mauritius
Suite nupcial	Suite nuziale
Hotel de lujo	Hotel di lusso
Morena	Abbronzata
Playa	Spiaggia
Adam nada en el mar	Adam nuota nel mare
Michael y Adam se conocen	Michael e Adam si conoscono
Se la pasan muy bien	Si divertono

Storia 7: Nozze

Adam e Barbara sono stati insieme per sei anni. Al compleanno di Barbara, Adam la invita a cena a casa sua. Alla **fine** della cena, **Adam le chiede la mano. Barbara e Adam si fidanzano. Barbara dà la notizia** alla sua famiglia.

Adam e Barbara stanno preparando le loro **nozze. Fissano una data** per la cerimonia di **matrimonio**: scelgono il giorno dell'anniversario del loro **primo incontro**. Adam e Barbara calcolano il budget del matrimonio. **Vogliono che tutto sia perfetto nel loro grande giorno.**

Adam e Barbara elencano i preparativi per il matrimonio:

- Il **vestito da sposa**
- l'**acconciatura** e gli accessori della sposa: **velo,** scarpe, trucco e **gioielli**
- Il **completo da uomo** dello sposo
- Le **fedi nuziali**
- Il wedding planner
- **Testimoni di nozze** della sposa e dello sposo
- Gli abiti delle **damigelle**
- I costumi dei **testimoni**
- La **lista degli invitati**
- Gli **inviti**
- I trasporti
- Il **bouquet della sposa** e i **fiori**
- La **cerimonia matrimoniale**
- La decorazione della cappella
- La **prima colazione**
- Le **bevande**
- La **torta nuziale**
- I **pupazzetti della coppia**
- La **sala ricevimenti**
- La decorazione della stanza
- La **Piantina dei posti a sedere**
- L'orchestra e il disc jockey per l'animazione
- La canzone di apertura

-        Il ballo di apertura
-        Il fotografo e il cameraman

Adam e Barbara iniziano i **preparativi prima del matrimonio**. Barbara assume Suzie come wedding planner.

Una sarta confeziona il vestito da sposa per Barbara. La sarta è Brooke. Barbara le mostra il modello del vestito.

Adam chiede a suo cugino Richard di essere il suo testimone. I testimoni dello sposo sono il fratellino di Adam e il cuginetto. Le damigelle d'onore sono le due sorelline di Barbara. Adeline, la zia di Barbara, è la sua testimone di matrimonio.

Barbara scrive il testo dell'invito per il matrimonio:

"Adam e Barbara sono lieti di invitarvi alla loro cerimonia di nozze, sabato 21 febbraio 2009 alle 11, nella cappella di Saint John. Saremo lieti di avervi a pranzo presso l'Espace des Colombes dopo la cerimonia.

Vi chiediamo gentilmente di confermare la vostra presenza entro il 15 febbraio."

Barbara dà il testo a Suzie. Suzie **stampa l'annuncio di matrimonio**. Suzie scrive i nomi degli ospiti sui biglietti d'invito. Barbara invia gli inviti agli **ospiti**.

Adam e Barbara prendono lezioni di danza per il loro matrimonio.

Il giorno delle sue nozze, Barbara si sveglia alle sei del mattino. **Fa un bel bagno.** Il **truccatore** e il **parrucchiere** arrivano a casa sua.

Barbara esce dal bagno e si asciuga. Si prepara. Si mette il vestito bianco. La truccatrice comincia ad applicarle il make-up. Il parrucchiere le sistema i capelli. Barbara indossa collana e **orecchini**. Alle nove in punto è pronta. Il fotografo fotografa la bellissima sposa. La carrozza passa a prendere Barbara alle nove e trenta. Arriva in **Chiesa** alle dieci e trenta. Gli ospiti riempiono le **panchine** della chiesa **poco a poco**.

Alle dieci e cinquanta, Adam è **in piedi** di fronte all'**altare**. Alle undici l'organista suona una melodia. I testimoni dello sposo e le damigelle fanno il loro ingresso. Quindi il pubblico si alza. La sposa sta entrando. Suo padre la accompagna all'altare. Barbara si unisce al suo futuro marito di fronte all'altare. Il pubblico si siede. Il sacerdote inizia la cerimonia.

Adam e Barbara sono ora marito e moglie. L'organista suona **la marcia nuziale**. Gli sposi lasciano la chiesa. Gli ospiti si congratulano con loro.

Gli sposi e gli ospiti arrivano all'Espace des Colombes verso le dodici e mezzo. Gli ospiti guardano la mappa dei posti a sedere e si siedono. Adam e Barbara ballano sulla canzone di apertura del loro matrimonio. La canzone di apertura viene riprodotta una seconda volta. Gli ospiti ballano con gli sposi.

Verso le quattro, la sposa e lo sposo tagliano la torta. Aprono una **bottiglia di champagne**. Gli ospiti applaudono. Adam e Barbara si fanno scattare le foto coi gruppi di ospiti.

Verso le cinque e mezza, **la sposa lancia il bouquet**. Una zia di Adam lo prende. Gli ospiti danno i regali di nozze agli sposi. La festa finisce verso le diciannove. Gli ospiti augurano una buona e felice vita matrimoniale a Barbara e Adam. Gli sposi passano la **prima notte di nozze** in una camera d'albergo. Inizia una nuova **fase** della loro vita.

Il giorno dopo, partono per la **luna di miele**. Precisamente per le **Isole Mauritius**. Affittano la **suite nuziale** in un **hotel di lusso**.

Barbara è **abbronzata** sulla **spiaggia**. Si addormenta. **Adam nuota nel mare**.

Gli sposi incontrano un'altra coppia: Michel e Jessica. Sono anche loro in luna di miele. Jessica è una vecchia compagna di classe di Barbara. Entrambe le coppie soggiornano nello stesso hotel. **Michael e Adam si conoscono**. Jessica e Barbara condividono i ricordi del college.

In serata, le due coppie cenano insieme. **Passano una bella serata**.

Historia 8: Amigas por correspondencia

La maestra de francés de Judy le da los **detalles** de una joven. Esta chica vive en el extranjero. Su nombre es Fabienne. Judy le envía la primera carta:

"Marsella, 14 de enero de 2002

Hola Fabienne

Mi nombre es Judy. Me gustaría corresponder contigo. Soy una chica de dieciocho años. Vivo en Francia. Me gustaría conocerte.

Judy Laroche.

Unos días más tarde, Judy recibe una respuesta de Fabienne.

"Antananarivo, 22 de enero de 2002.

Hola Judy

*Recibí tu carta. **Estoy muy feliz de conocerte**. Y estoy feliz de ser tu amiga por correspondencia. Te deseo un feliz año nuevo. Permíteme presentarme, mi nombre es Fabienne y tengo diecinueve años. **Soy una estudiante de primer año en la Facultad de Artes. Estudio ingles en la universidad. La próxima vez**, escribiré una carta más larga. **Tengo que ir a la clase.***

Quedo a la espera de tu respuesta.

Fabienne, tu nueva amiga."

"Marsella el 1 de febrero de 2002

Hola Fabienne

***Tu carta me hace sonreír**. Te lo agradezco. **Pareces una gran chica**. Déjame presentarme. Como sabes, mi nombre es Judy. Estoy en primera clase en la escuela secundaria y vivo con mis padres. Tengo un hermano mayor. Su nombre es Denis y* *estamos muy cerca. Denis se graduó de la escuela secundaria el año pasado. No sé qué **campo de estudio** elegirá. Por el momento, él está tomando **clases de cocina**. Él es talentoso. **Denis es un buen cocinero**. Nos gusta cocinar platos juntos. Es mi hermano quien prepara la comida en casa. Y yo le ayudo. Y tú, ¿tienes hermanos o hermanas? ¿Estás cerca de ellos?*

Tengas un buen día,

Judy ".

Antananarivo, 11 de febrero de 2002.

Hola Judy

*Sí, tengo un hermanito. Su nombre es Nathan. Tiene ocho años y está en la escuela primaria. Le encanta el fútbol. **Él es un poco indisciplinado**. No paso mucho tiempo con Nathan. **Como ves, nos separan once años. Pero me gusta él. Yo lo cuido** cuando mis padres están lejos. Tú le quieres mucho a tu hermano. Hablas mucho de él. Me gusta tu relación con tu hermano. Además, le gusta cocinar para su familia. Y tú, ¿cuál es tu pasión? Cuéntame un poco más sobre ti.*

Fabienne ".

"Marsella, 16 de febrero de 2002

Hola Fabienne

*¿Mi pasión? No sé... **Por ahora**, mi **objetivo** es **terminar el colegio**. Sabes, tuve que repetir un año de la escuela secundaria y otro del colegio. No descuido mis estudios. **Solo tengo que** trabajar duro para tener éxito en mis estudios.*

*Bueno, nos vamos a escribir pronto. Son las dieciocho en casa. **Me voy a la cama. No me siento bien. Tengo gripe. Mi madre me lleva al médico mañana. Afortunadamente**, es viernes. **Puedo descansar.***

Judy ".

"Antananarivo, 25 de febrero de 2002.

Hola Judy,

Espero que pronto te sientas mejor. *Es el 25 de febrero. Espero que desde tu última carta, te encuentraes bien ahora.* **Deséame suerte**. *Estoy preparando exámenes ahora mismo.*

Hasta pronto,

Fabienne ".

París, 1 de marzo de 2002.

Hola Fabienne

Sí, estoy bien ahora. Son las vacaciones. Te escribo desde la ciudad de París. Visito a mi prima Melanie. Ella vive en París. **Está alquilando un piso**. *Ella es una estudiante de inglés, como tú. Regreso a Marsella el 7 de marzo. Todavía tengo muchas tareas escolares para terminar el año escolar. Buena suerte para tus exámenes!*

Judy ".

"Marsella, 15 de abril de 2002

Hola Fabienne

Ha pasado un poco de tiempo desde que me escribiste la última vez. Espero que estés bien. Te envío esta carta para **preguntarte qué tal**.

Judy ".

Antananarivo, 23 de abril de 2002.

Hola Judy

Lo siento por este silencio prolongado. En los últimos tiempos, **no estoy de humor para escribir.** *Un evento desafortunado ocurrió. El hermano mayor de mi padre* **se ha muerto**. *El era mi tío favorito. Estaba muy ocupada con el* **funeral**. *Al mismo tiempo, también hice exámenes. En cualquier caso, te* *agradezco tu carta.* **Gracias por preocuparte por mí. Esto me calienta el corazón.** *Eres realmente una amiga. Espero que estés bien.*

Abrazos,

Fabienne ".

"Marsella, 27 de abril de 2002

Querida Fabienne,

Te envío mis sinceras condolencias a ti y a tu familia. **Tengo un examen de matemáticas mañana.** *Estoy repasando. Denis está ausente.* **Le extraño.** *La casa está un poco vacía. ¿Has aprobado tus exámenes?*

¡Hasta pronto!

Judy ".

"Antananarivo, 1 de mayo de 2002

Querida Judy,

Hoy es el **Día del Trabajo.** *Aprovecho estas* **vacaciones** *para escribirte. He aprobado mis exámenes. Tengo mi diploma. Mis padres están muy felices. ¿Cuándo es tu cumpleaños? Mi cumpleaños es el 6 de septiembre.* **Adjunto una foto de mí a esta carta.**

Hasta pronto,

Fabienne ".

"Marsella, 7 de mayo de 2002

Hola fabienne

Eres **muy guapa** *en la foto. Me gusta tu* **vestido** *y tu* **blusa.** *Perdóneme. No te envié mi foto. Soy un poco* **tímida.** *Y no soy fotogénica. Te envío la foto de mi perro. Esta es la primera vez que te cuento sobre él. Es un* **perrito faldero.** *Su nombre es Cotton. Él es muy* **dulce.** *¿Nacistes el 6 de* septiembre? Anoto esta fecha en mi **agenda**. Voy a comprarte un regalo de cumpleaños. ¿Cuál es tu color favorito? Mi color favorito es morado. Mi cumpleaños es el 17 de noviembre.

Abrazos,

Judy ".

Antananarivo, 12 de mayo de 2002.

Hola Judy

No importa si no envías tu foto. Cotton es un perro **adorable**. Pero soy alérgica al **pelo** de perro y **de gato**. Mi color favorito es el azul. Voy a cuidar a mi hermanito. **Se ha hecho daño.**

¡Te veo pronto!

Fabienne ".

"Marsella, 17 de mayo de 2002

Buenas tardes Fabienne

Dile a tu hermanito que **tenga cuidado**. **Espero que esté bien**. ¿Tienes una dirección de correo electrónico, Fabienne? Es más conveniente comunicar por correo electrónico. Es **más rápido**. Perdemos menos tiempo. Aquí está mi dirección de correo electrónico: judy.dubois2002@monmail.com

¡Hasta pronto!

Judy ".

Antananarivo, 25 de mayo de 2002.

Buenas tardes Judy

Acabo de crear una dirección de correo electrónico. **Tienes razón**. Los correos electrónicos son más prácticos. **Por cierto**, acabo de enviarte un correo electrónico. Mi dirección de correo electrónico está en este correo electrónico.

¡Hasta pronto!

Fabienne ".

79

Vocabolario

Amigos/as por correspondencia	Corrispondenti(M/F)
Detalles	Informazioni
Estoy muy feliz de conocerte	Sono davvero felice di conoscerti
Soy una estudiante de primer año en la Facultad de Artes	Sono una matricola alla facoltà di Arte
Estudio inglés en la universidad	Studio l'inglese all'università
La próxima vez	La prossima volta
Tengo que ir a clase	Devo andare a lezione
Tu carta me hace sonreír	La tua lettera mi fa sorridere
Pareces una gran chica	Sembri una brava ragazza
Campo de estudio	Campo di studi
Clases de cocina	Lezioni di cucina
Denis es un buen cocinero	Denis è un buon cuoco
Él es un poco indisciplinado	È un po 'indisciplinato
Como ves	Come vedi
Nos separan once años	Abbiamo undici anni di differenza
Me gusta él	Mi piace
Yo lo cuido	Mi prendo cura di lui
Por ahora	Per adesso
Objetivo	Obbiettivo
Terminar el colegio	Finire la scuola superiore
Solo tengo que…	Devo solo...
Me voy a la cama	Vado a letto
No me siento bien	Non mi sento bene
Tengo gripe	Ho l'influenza
Mi madre me lleva al médico mañana	Mia madre mi porta dal dottore domani
Afortunadamente	Per fortuna

Puedo descansar	Posso riposare
Espero que pronto te sientas mejor	Spero che tu ti senta meglio presto
Deséame suerte	Augurami buona fortuna
Está alquilando un piso	Sta affittando un appartamento
Preguntarte qué tal	Chiederti come stai
Ha muerto	Morto
Funeral	Funerale
No estoy de humor para...	Non sono dell'umore giusto per ...
Gracias por preocuparte por mí	Grazie per esserti preoccupata di me
Esto me calienta el corazón	Mi scalda il cuore
Tengo un examen de matemáticas mañana	Ho un esame di matematica domani
Le extraño	Mi manca
Día del Trabajo	Festa dei lavoratori
Vacaciones	Vacanza
Adjunto una foto de mí a esta carta	Ti sto allegando una mia foto a questa lettera
Muy guapa	Bellissima
Vestido	Vestito
Blusa	Camicetta
Tímida	Timida
Perrito faldero	Cagnolino
Dulce	Dolce
Agenda	Agenda
No importa	Non importa
Adorable	Carina
Pelo de gato	Peli di gatto
Se ha hecho daño	Si è fatto male
Tener cuidado	Stare attento
Espero que esté bien	Spero che stia bene
Más rápido	Più veloce

Tienes razón	Hai ragione
Por cierto	A proposito

Storia 8: Corrispondenti

L'insegnante di francese di Judy le passa le **informazioni** di una ragazza che vive all'estero. Il suo nome è Fabienne. Judy le manda la prima lettera:

"Marsiglia, 14 gennaio 2002

Ciao Fabienne,

Mi chiamo Judy. Mi piacerebbe avere una corrispondenza con te. Sono una ragazza di diciotto anni. Vivo in Francia. Mi piacerebbe incontrarti.

Judy Laroche."

Pochi giorni dopo, Judy riceve una risposta da Fabienne.

" Antananarivo, 22 gennaio 2002

Ciao Judy,

*Ho ricevuto la tua lettera. **sono davvero felice di conoscerti**. E sono felice di essere tua amica di penna. Ti auguro un felice anno nuovo. Mi presento, mi chiamo Fabienne e ho diciannove anni. **Sono una matricola alla facoltà di Arte. Studio inglese all'università. La prossima volta** scriverò una lettera più lunga. **Devo andare a lezione**.*

In attesa di leggere la tua risposta,

un caro saluto da Fabienne, la tua nuova amica."

"Marsiglia, 1 febbraio 2002

Ciao Fabienne,

***La tua lettera mi fa sorridere**. Ti ringrazio. **Sembri una brava ragazza**. Lascia che mi presenti. Come sai, mi chiamo Judy. Frequento il primo anno delle scuole superiori e vivo con i miei genitori. Ho un fratello maggiore. Si chiama Denis e siamo molto intimi. Denis si è diplomato al liceo* *l'anno scorso. Non so quale **campo di studi** sceglierà. Al momento, prende **lezioni di cucina**. Ha talento. **Denis è un buon cuoco.** Ci piace cucinare insieme. È mio fratello a preparare i piatti a casa. Io lo aiuto. E tu, hai fratelli e sorelle? Sei molto legata a loro?*

Buona giornata,

Judy."

"Antananarivo, 11 febbraio 2002

Ciao Judy!

*Sì, ho un fratellino. Il suo nome è Nathan. Ha otto anni e frequenta la scuola elementare. Ama il calcio. **È un po' indisciplinato.** Non passo molto tempo con Nathan. **Come sai, abbiamo undici anni di differenza.** Ma **mi piace. Mi prendo cura di lui** quando i nostri genitori sono via. Ami molto tuo fratello. Parli molto di lui. Mi piace il tuo rapporto con lui. E poi, gli piace cucinare per la sua famiglia. E tu, quali passioni hai? Dimmi un po' di più su di te.*

Fabienne."

"Marsiglia, 16 febbraio 2002

Ciao Fabienne,

*La mia passione? Non lo so... **Per adesso**, il mio **obbiettivo** è quello di **finire la scuola superiore.** Sai, sono stata bocciata una volta alle medie e una alle superiori. Non trascuro i miei studi. **Devo solo** lavorare duro per portarli a termine con successo.*

*A presto. Sono le diciotto a casa. **Vado a letto, non mi sento bene. Ho l'influenza. Mia madre mi porta dal dottore domani. Per fortuna**, è venerdì. **Posso riposare.***

Judy."

"Antananarivo, 25 febbraio 2002

Ciao Judy,

__Spero che tu ti senta meglio presto__. È il 25 febbraio. Spero che dalla tua ultima lettera tu sia guarita. __Augurami buona fortuna__. Sto preparando gli esami adesso.

A presto,

Fabienne."

"Parigi,1 marzo 2002

Ciao Fabienne,

Sì, sono già guarita. Ora ci sono le vacanze. Ti sto scrivendo dalla città di Parigi. Sono venuta a trovare mia cugina Melanie. Lei vive a Parigi. __Sta affittando un appartamento.__ E lei è una studentessa di inglese, come te. Ritorno a Marsiglia il 7 marzo. Ho ancora un sacco di compiti per le vacanze da finire per l'anno scolastico. In bocca al lupo per i tuoi esami!

Judy."

"Marsiglia, 15 aprile 2002

Ciao Fabienne,

È passato un po' di tempo da quando hai scritto. Spero che tu stia bene. Ti sto mandando questa lettera per __chiederti come stai__.

Judy."

"Antananarivo, 23 aprile 2002

Ciao Judy,

Mi dispiace per questo lungo silenzio. Ultimamente, non ho voglia di scrivere. È accaduta una cosa triste. Il fratello maggiore di mio padre è __morto__. Era il mio zio preferito. Ero molto occupata con il __funerale__. Nel frattempo, ho anche sostenuto gli esami. In ogni caso, ti ringrazio per la lettera. **Grazie per esserti preoccupata per me**. **Mi scalda il cuore**. *Sei davvero un'amica. Spero che tu stia bene.*

Un abbraccio,

Fabienne."

"*Marsiglia, 27 aprile 2002*

Cara Fabienne,

Ti mando le mie più sincere condoglianze, a te e alla tua famiglia. **Ho un compito di matematica domani**. *Sto ripassando. Denis non c'è.* **Mi manca**. *La casa è un po' vuota. Hai passato gli esami?*

A presto!

Judy."

"*Antananarivo, 1 maggio 2002*

Cara Judy,

Oggi è la **Festa dei lavoratori**. *Mi sono presa questa* **vacanza** *per scriverti. Ho superato gli esami. Ho il mio diploma di laurea. I miei genitori sono molto felici. Quand'è il tuo compleanno? Il mio è il 6 settembre.* **Ti sto allegando una mia foto a questa lettera**.

A presto,

Fabienne."

"*Marsiglia, 7 maggio 2002*

Ciao Fabienne,

Sei **bellissima** *nell'immagine. Mi piace il tuo* **vestito** *e la tua* **camicetta**. *Scusami. Non ti ho mandato la mia foto. Sono piccola e* **timida**. *E non sono fotogenica. Ti mando la foto del mio cane. È è la prima volta che ti parlo di lui. È un* **cagnolino**. *Il suo nome è Cotton. È molto* **dolce**. *Sei nata il 6 settembre? Prendo nota di questa data sull'* **agenda**. *Ti* faccio un regalo per il compleanno. *Qual è il tuo colore preferito? Il mio è il viola. Il mio compleanno è il 17 novembre.*

Un abbraccio,

Judy.”

“Antananarivo, 12 maggio 2002

Ciao Judy!

Non importa *se non mandi la tua foto. Cotton è un cane molto* **dolce**. *Ma sono allergica ai* **peli di cane e gatto**. *Il mio colore preferito è il blu. Vado a prendermi cura del mio fratellino.* **Si è fatto male.**

A presto!

Fabienne.”

“Marsiglia, 17 maggio 2002

Buona sera Fabienne,

Dì al tuo fratellino di **stare attento. Spero che stia bene**. *Hai un indirizzo email, Fabienne? Conviene di più scriverci per mail. È* **più veloce**. *Perdiamo meno tempo. Eccoti il mio indirizzo email:* <u>*judy.dubois2002@monmail.com*</u> *.*

A presto!

Judy.”

“Antananarivo, 25 maggio 2002

Buona sera Judy,

Ho appena creato un indirizzo email. **Hai ragione**. *I messaggi di posta elettronica sono più pratici.* **A proposito**, *te ne ho appena mandato uno. Il mio indirizzo è in questa e-mail.*

A presto!

Fabienne.”

Historia 9: Una pasión por la escritura

Cyril Deguimond es un autor **de renombre. Es autor de catorce novelas publicadas. Él es bien conocido en todo el mundo**. Cyril escribe principalmente **novelas de fantasía, historias de detectives** y thrillers. Cyril es un **autor famoso. Vende muchos libros en todo el mundo**. Cyril acaba de lanzar su decimocuarta novela.

Un **editora** de prensa lo contacta por teléfono. Carine quiere entrevistarlo. Ella le pide que le **dé una entrevista**. Cyril le da una cita en su casa el viernes por la tarde.

El viernes por la mañana, Carine prepara la entrevista. Ella toma un bolígrafo y una **libreta. Va en línea** para leer algo sobre Cyril Deguimond. Ella escribe las preguntas a Cyril. Alguien llama al **móvil** de Carine. **Ella contesta el teléfono:**

- ¡Hola!
- Hola Carine, soy Christine.
- ¡Hola Christine! **¿Qué tal?**
- **Vámonos este fin de semana. Prepara tu maleta. Es un viaje de tres días. Te recogeré en   dos horas.**
- **Lo siento. No puedo ir**
- ¿Pero por qué? **No trabajas los viernes.**
- **Tengo una cita importante** hoy.
- ¿Una **cita romántica**?
- No, Christine. Voy a entrevistar a Cyril Deguimond.
- ¿El **escritor** Cyril Deguimond? **Eres una mujer muy afortunada**. Deguimond es mi autor favorito. **Leí todos sus libros**. Hoy voy a comprar su nueva novela.
- **Le voy a pedir un autógrafo** para ti.
- ¡Gracias!
- Hoy trabajo. Pero vámonos mañana por la mañana.
- Está bien, **hasta mañana entonces.**
- **Que tengas un buen día**, Christine.
- ¡Igualmente, Carine!

Carine cuelga el teléfono. Ella sigue con su trabajo. A las trece y media, Carine se prepara para irse. Ella pone su bolígrafo, su cuaderno, su **pañuelo**, las **llaves de su coche**, sus **gafas de sol** y su teléfono móvil en su bolso.

A las catorce y quince, Carine llega a la **puerta** de la casa de Cyril. **Ella toca el timbre. Un guardia de seguridad** la saluda. Él le pregunta por su **identidad**. Carine se presenta y muestra su placa. El guardia de seguridad la invita a entrar **dentro de la propiedad**. Acompaña a la joven en la sala de estar. **Él la invita a sentarse** en una silla. Luego sale el guardia de seguridad.

Diez minutos después, Cyril Deguimond llega a la habitación. **Carine se levanta** para saludarlo. Cyril es un gran hombre. Tiene **barba** y es **encantador. Él lleva gafas.**
- Hola, señor Deguimond. Permítame presentarme: mi nombre es Carine Dubois. Trabajo para la revista *Flowery*. Soy una editora de prensa. **Encantada.**
- Hola, señorita Dubois. **Estoy muy contento de conocerle.**
- **Puede llamarme Carine.**
- **Vale**, Carine. **Hace demasiado calor aquí. Vamos al jardín**.

Hay una mesa con sillas y sombrilla en el jardín. Carine y Cyril se
sientan.

- Sr. Cyril Deguimond, **gracias por darme la bienvenida a su casa.**
Tiene una villa muy bonita.
- Gracias, Carine. Vamos a empezar la entrevista. **Tengo un día
ocupado**.
- Bueno. Grabo nuestra conversación con mi teléfono inteligente.
- **Evita** las preguntas demasiado íntimas, por favor. Realmente **no me
gusta hablar de mi vida privada.**
- Vale, lo entiendo. Entonces, Cyril Deguimond, **cuéntenos de su
última novela.**
- Esta es la historia de un extraterrestre. Tiene la apariencia de **un ser
humano. El ser vivo se parece a una mujer anciana**. Él tiene
superpoderes. Llega a nuestro planeta. Entonces él es el **testigo de**

un asesinato. **Un oficial de policía investiga con él sobre el asesinato.**

- Es fascinante. ¿Cuál es el título del libro?
- "Ilusiones".
- ¿**Cuánto tiempo** tarda escribiendo una novela?
- **Entre** cuatro y veinticuatro meses.
- **Tiene un cuerpo de atleta,** Cyril Deguimond. **¿Practica algún deporte?**
- **Pues**, sí.
- **¿Qué deporte practica?**
- Estoy haciendo algo de jogging.
- **¿Le gusta leer?**
- **Sí, por supuesto.**
- **¿Qué te gusta leer,** Cyril Deguimond?
- **Un poco de todo. Me ayuda** a tener inspiración.
- Aparte de leer, practicar deportes y escribir, ¿cuáles son sus pasatiempos?
- **Me gusta pasar tiempo con mi familia. Me encanta ir a pescar con mi hermano y mi sobrina.**
- ¿Quiénes son sus autores favoritos?
- Mis autores favoritos son Stephen King y Agatha Christie.
- ¿Está escribiendo otra novela en este momento?
- **Aún no. Voy a tomarme unas vacaciones**.
- Sus **lectores** tienen preguntas para usted. Le voy a hacer las preguntas más interesantes.
- Bueno. Vamos a escuchar.
- **¿Tiene un bloque de escritor?**
- **Me pasa a veces.**
- **¿Qué hace cuando le ocurre?**
- **Me tomo un descanso.** Camino. Como **helado** con mi sobrina. Hablo con ella. Voy al **campo**... **me relajo.**
- ¿Piensa en escribir romance?
- No.
- Gracias por esta entrevista, Cyril Deguimond.
- Es un placer. **Gracias por venir**. Te ofrezco una copia de mi última novela.

- ¡Oh! ¡Muchas gracias señor!

Cyril sonrió.

- Cyril Deguimond, **¿puede firmar el libro para Christine**, por favor?

- Sí, por supuesto. ¿Quién es Christine?

- Christine Dubois es mi hermana mayor. A ella le encantan sus novelas

Cyril escribe en la primera página del libro. Carine le da las gracias y se va a casa.

El día siguiente, Carine le regala el libro a su hermana. Christine está **eufórica**. Cogen el coche y se van por el fin de semana.

Vocabolario

Escritura	Scrittura
De renombre	Rinomato
Es autor de catorce novelas publicadas	È autore di quattordici romanzi pubblicati
Él es bien conocido en todo el mundo	È famoso in tutto il mondo
Novelas de fantasía	Romanzi fantastici
Historias de detectives	Gialli
Autor famoso	Autore famoso
Vende muchos libros	Vende molti libri
Copias	Copie
En todo el mundo	In tutto il mondo
Una editora	Un editore
Dé una entrevista	Concedere un'intervista
Libreta	Blocco note
Va en línea	Va su Internet
Bolígrafo	Penna a sfera
Móvil	Cellulare
Ella contesta el teléfono	Prende il telefono
Qué tal	Come va
Vámonos este fin de semana	Andiamocene questo fine settimana
Prepara tu maleta	Fai i bagagli
Es un viaje de tres días	È un viaggio di tre giorni
Te recogeré en dos horas	Ti verrò a prendere tra due ore
Lo siento	Mi dispiace
No puedo ir	Non posso venire
No trabajas los viernes	Non lavori il venerdì
Tengo una cita importante	Ho un appuntamento importante
Una cita romántica	Un appuntamento romantico
Escritor	Scrittore

Eres una mujer muy afortunada	Sei una ragazza molto fortunata
Leí todos sus libros	Ho letto tutti i suoi libri
Le voy a pedir un autógrafo	Gli chiederò un autografo
Hasta mañana entonces	Ci vediamo domani allora
Que tengas un buen día	Buona giornata
Carine cuelga el teléfono	Carine mette giù il telefono
Pañuelo	Fazzoletti
Llaves de su coche	Chiavi della macchina
Gafas de sol	Occhiali da sole
Puerta	Portone
Tocar (ella toca…)	Bussare (bussa…)
Guardia de seguridad	Guardia di sicurezza
Dentro de la propiedad	All'interno della proprietà
Él la invita a sentarse	Lui la invita a sedersi
Carine se levanta	Carine si alza
Barba	Barba
Encantador	Affascinante
Él lleva gafas	Indossa occhiali
Encantada	Sono felice di conoscerla
Estoy muy contento de conocerle	Sono molto contento di averti conosciuto
Puede llamarme Carine	Può chiamarmi Carine
Vale	Ok
Hace demasiado calor aquí	Fa troppo caldo qui
Vamos al jardín	Andiamo in giardino
Gracias por darme la bienvenida a su casa	Grazie per avermi accolta a casa sua
Tengo un día ocupado	Ho una giornata abbastanza impegnativa
Evita	Evitare
No me gusta hablar de mi vida privada	Non mi piace molto parlare della mia vita privata
Cuéntenos de su última novela	Ci parli del tuo ultimo romanzo

Ser humano	Essere umano
El ser vivo se parece a una mujer anciana	L'essere vivente sembra una donna anziana
Superpoderes	Superpoteri
Testigo de un asesinato	È testimone di un omicidio
Un oficial de policía investiga con él sobre el asesinato	Un poliziotto deve indagare con lui sull'omicidio (a riguardo)
Cuánto tiempo	Quanto tempo impiega...
Entre	Tra
Tiene un cuerpo de atleta	Ha il corpo di un atleta
¿Practica algún deporte?	Pratica sport?
Pues	In effetti
¿Qué deporte practica?	Quali sport pratica?
¿Le gusta leer?	Le piace leggere
Sí, por supuesto	Sì, naturalmente
¿Qué te gusta leer?	Cosa le piace leggere?
Un poco de todo	Un po' di tutto
Me ayuda	Mi aiuta
Me gusta pasar tiempo con mi familia	Mi piace passare del tempo con la mia famiglia
Me encanta ir a pescar con mi hermano y mi sobrina	Adoro andare a pescare con mio fratello e mia nipote nièce
Aún no	Non ancora
Voy a tomarme unas vacaciones	Ho intenzione di fare una vacanza
Lectores	Lettori
¿Tiene un bloque de escritor?	Le capita di avere il blocco dello scrittore?
Me pasa a veces	A volte mi capita
¿Qué hace cuando le ocurre?	Cosa fa quando succede?
Me tomo un descanso	Mi prendo una pausa
Helado	Gelato
Campo	Campagna
Me relajo	Mi rilasso

Gracias por venir
¿Puede firmar el libro para
Christine?
Eufórica

Grazie per essere venuta
Può firmare il libro per
Christine?
Entusiasta (F/M)

Storia 9: Una passione per la scrittura

Cyril Deguimond è un **rinomato** scrittore. **È autore di quattordici romanzi pubblicati**. **È famoso in tutto il mondo**. Cyril ha scritto principalmente **romanzi fantastici, gialli** e thriller. Cyril è un **autore famoso**. **Vende molti libri in tutto il mondo**. Cyril ha appena pubblicato il suo quattordicesimo romanzo.

Un **editore della** stampa scritta lo contatta per telefono. Carine vuole intervistarlo. Lei gli chiede di **concedere un'intervista**. Cyril le dà un appuntamento a casa sua venerdì pomeriggio.

Venerdì mattina, Carine prepara l'intervista. Prende una penna a sfera e un **blocco note**. **Va su Internet** per leggere di Cyril Deguimond. Scrive le domande per lui. Il **cellulare di** Carine squilla. **Prende il telefono**:

-     Ciao!
-     Ciao Carine, sono Christine.
-     Ciao Christine! **Come va?**
-     **Andiamocene questo fine settimana. Fai i bagagli.** Ci facciamo **un viaggio di tre giorni. Ti verrò a prendere tra due ore**.
-     **Mi dispiace. Non posso venire.**
-     Ma perché? **Non lavori il venerdì.**
-     **Ho un appuntamento importante** oggi.
-     Un **appuntamento romantico**?
-     No, Christine. Sto intervistando Cyril Deguimond.
-     Lo **scrittore** Cyril Deguimond? **Sei una ragazza molto fortunata** . Deguimond è il mio autore preferito. **Ho letto tutti i suoi libri**. Comprerò il suo nuovo romanzo oggi.
-     **Gli chiederò un autografo**. Per te.
-     Grazie!
-     Oggi lavoro. Ma partiamo domani mattina.
-     Va bene, **ci vediamo domani allora.**
-     **Buona giornata**, Christine.

-        Buona giornata anche a te, Carine!

Carine mette giù il telefono. Lei continua il suo lavoro. Alle tredici e mezza, Carine si prepara ad andarsene. Lei mette la sua penna, il suo taccuino, i **fazzoletti**, le sue **chiavi della macchina**, i suoi **occhiali da sole** e il suo cellulare nella borsa.

Alle quattordici e quindici, Carine arriva al **portone** della casa di Cyril. **Bussa** al campanello. Una **guardia di sicurezza** la saluta. Lui le chiede l'**identità**. Carine si presenta e mostra il suo distintivo. La guardia di sicurezza la invita ad entrare **all'interno della proprietà**. Accompagna la giovane donna nel soggiorno. **Lui la invita a sedersi** su una sedia. Quindi la guardia di sicurezza esce.

Dieci minuti dopo, Cyril Deguimond arriva nella stanza. **Carine si alza** per salutarlo. Cyril è un gran bell'uomo. Ha la **barba** ed è **affascinante. Indossa degli occhiali.**

-        Salve sig. Deguimond. Lasci che mi presenti: mi chiamo Carine Dubois. Lavoro per la rivista *Flowery*. Sono un'editor per la stampa. E **sono felice di conoscerla.**
-        Salve Signorina Dubois. **Sono molto contento di averla conosciuta.**
-        **Può chiamarmi Carine.**
-        **Ok,** Carine. **Fa troppo caldo qui. Andiamo in giardino.**

C'è un tavolo, con sedie e ombrellone nel giardino. Carine e Cyril si siedono.

-        Sig. Cyril Deguimond, **grazie per avermi accolta a casa sua.** Ha una villa bellissima.
-        Grazie, Carine. Iniziamo l'intervista. **Ho una giornata abbastanza impegnativa.**
-        Va bene. Registro la nostra conversazione sul mio smartphone.

- **Evitiamo** domande troppo intime, per favore. **Non mi piace molto parlare della mia vita privata.**

- Certo, capisco. Quindi, Cyril Deguimond, **ci parli del suo ultimo romanzo.**

- È la storia di un alieno. Ha l'aspetto di un **essere umano. L'essere vivente sembra una donna anziana.** Ha dei **superpoteri.** Arriva sul nostro pianeta. Finisce per diventare il **testimone di un omicidio. Un agente di polizia deve indagare con lui a riguardo.**

- Affascinante. Qual'è il titolo del libro?

- "Illusioni".

- **Quanto tempo impiega** a scrivere un romanzo?

- **Tra** i quattro e i ventiquattro mesi.

- **Ha il corpo di un atleta**, Cyril Deguimond. **Pratica sport?**

- **In effetti,** sì.

- **Quali sport pratica?**

- Sto facendo un po' di jogging.

- **Le piace leggere?**

- **Sì, naturalmente.**

- **Cosa le piace leggere**, Cyril Deguimond?

- **Un po' di tutto. Mi aiuta** ad avere l'ispirazione.

- A parte lettura, sport e scrittura, quali sono gli altri suoi hobby?

- **Mi piace passare del tempo con la mia famiglia. Adoro andare a pesca con mio fratello e mia nipote.**

- Chi sono i suoi autori preferiti?

- I miei autori preferiti sono Stephen King e Agatha Christie.

- Stai scrivendo un nuovo romanzo in questo momento?

- **Non ancora. Ho intenzione di fare una vacanza.**

- I suoi **lettori** hanno delle domande per lei. Sto per farle le più interessanti.
- Va bene. La ascolto.
- **Le capita di avere il blocco dello scrittore?**
- **A volte mi capita.**
- **Cosa fa quando succede?**
- **Mi prendo una pausa.** Cammino. Mangio del **gelato** con mia nipote. Chiacchiero con lei. Vado in **campagna... mi rilasso.**
- Pensa di scrivere storie d'amore?
- No.
- Grazie per questa intervista, Cyril Deguimond.
- È un piacere. **Grazie per essere venuta.** Le offro una copia del mio ultimo romanzo.
- Oh! Grazie mille!

Cyril sorrise.

- Cyril Deguimond, **può firmare il libro per Christine**, per favore?
- Certo, naturalmente. Chi è Christine?
- Christine Dubois è mia sorella maggiore. Ama i suoi romanzi.

Cyril scrive sulla prima pagina del libro. Carine lo ringrazia e torna a casa.

Il giorno dopo, Carine offre il libro a sua sorella. Christine è **entusiasta**. Prendono la macchina e vanno in vacanza per il weekend.

Historia 10: Una tarde con amigos

John: Hola

Martin: ¡Hola John! ¿Cómo estás?

John: Estoy bien, gracias. ¿Y tú cómo estás?

Martin: Estoy bien.

John: **¿Qué vas a hacer esta noche?**

Martin: **Me quedo en casa**, ¿por qué?

John: Te invito al restaurante, a ti, a Augustin y a Carla.

Martin: Vale, pero **¿qué pasa?**

John: **Tengo un anuncio muy especial que hacer.**

Martin: ¿Cuál es la noticia?

John: Ten paciencia, os lo voy a contar esta noche.

Martin: Vale.

John: En el restaurante "Feed" esta noche, a las ocho en punto.

Martin: Vale, ¡Hasta pronto!

John: ¡Hola Carla!

Carla: ¡Hola Juan!

John**: ¿Dónde estás?**

Carla: Estoy trabajando.

John: **¿A qué hora sales del trabajo?**

Carla: Alrededor de las seis. ¿Por qué?

John**: ¿Quieres salir esta noche?**

Carla: No, gracias. Estoy cansada. Voy a casa y duermo esta noche.

John: No, no te vayas a dormir. Vamos a ir al restaurante esta noche.

Carla: ¿Tú y yo?

John: No, somos cuatro, con Augustin y Martin.

Carla: **Pero ahora no tengo demasiado dinero.**

John: **No te preocupes. Te invito yo**.

Carla: Gracias. **Pero me haces sentir un poco incómoda**.

John: Por favor, Carla. **Tengo algo importante que decirte**. A ti y a los demás.

Carla**: ¿Son buenas noticias?**

John: Sí, son muy buenas noticias.

Carla: Ahora estoy curiosa. Vale, entonces. Nos vemos al restaurante esta noche.

John: Gracias, Carla. ¡Nos vemos esta noche entonces! En el restaurante "Feed", a las veinte en punto. **No llegues tarde.**

Juan: ¡Hola Agustin!
Agustin: ¡Hola Juan!
John: **¿Estás libre esta noche?**
Agustin: Sí, es viernes. Me gustaría salir esta noche para relajarme.
John: Vale. Te recogeré a las diecinueve y quince. **Carla y Martin nos estarán esperando** en el restaurante a las ocho en punto.

Carla regresa a las seis y diez minutos. Se ducha y se pone un **largo vestido** azul. Llega al restaurante a las ocho menos diez. John, Augustin y Martin llegan cinco minutos después. John va a la recepción.

John: ¡Buenas noches, señora!
Suzie: Buenas noches señor, **¿qué puedo hacer para usted?**
John: **¿Querríamos una mesa para cenar, por favor?**
Suzie: Sí, por supuesto. **¿Tienen una reserva?**
John: No, no hemos reservado.
Suzie: **Su mesa estará lista en unos minutos.**
John: Gracias, señora.
Carla: **¿Podríamos tener una mesa cerca de la ventana**, por favor?
Suzie: ¡Por supuesto!

Siete minutos después, un camarero llama a los **cuatro jóvenes.**

Jimmy: Su mesa está lista. **¿Quieren seguirme, por favor?**

John, Carla, Martin y Augustin se sientan en su mesa.

Jimmy: Buenas tardes señora y caballeros. Mi nombre es Jimmy. Soy su servidor para esta noche.

Jimmy le da **los menús** a los jóvenes.
Jimmy: **¿Quieren algo para beber primero?**
John: Sí, nos gustaría una botella de su mejor champán, por favor.

Jimmy le trae una botella de champán.

Martin: Entonces, John. ¿Cuál es esta gran noticia que nos vas a anunciar?
John: **Vamos a divertirnos un poco. Os dejaré adivinar**.
Carla: Te vas a casar.
John: No.
Carla: **Vas a tener un bebé.**
John: No.
Martin: Vas a trabajar al extranjero.
John: No.
Agustín**: Tienes un aumento.**
John: No.
Carla: Te convertirás en un **sacerdote**.
John: No.
Martin: ¡Cambias de carrera!
Carla: ¡Y te convertirás en una estrella de rock!
John: No y no. Carla, **eres graciosa.** Y tienes mucha imaginación.
Agustín: ¡Heredaste una **gran fortuna**!
John: No, pero casi, Augustine! **Vale, os lo diré. ¡Gané la lotería**!
Augustin, Martin y Carla: ¿En serio?
John: Sí, **no estoy bromeando**. ¡Realmente gané la lotería!
Martin**: ¿Cuánto ganaste?**
John: **Guardo esa información para mí**. ¡Pero vosotros disfrutaréis de este dinero!
Carla: ¿Por qué y cómo?
John: Porque sois mis mejores amigos. **Siempre estáis ahí para apoyarme en los buenos y malos tiempos**. Nos vamos de vacaciones juntos por dos semanas. **Yo pago todos los gastos.**
Martin: ¿Hablas en serio, John?
John: Sí.
Augustin: Pero sabes, **no tienes por qué que hacer eso.**
John: **Pero yo quiero. No te sientas incómodo**. Me gustaría agradeceros por vuestra sincera amistad. **Vamos a llamarlo un regalo de agradecimiento.**
Carla: ¡Gracias por este viaje! ¡Estoy dentro!
Agustín: Yo también.
John: ¿Y tú, Martin?

Martin: **Muy bien, ¡estoy dentro!**
Juan: ¡Gracias mis queridos amigos!

Jimmy se acerca a la mesa.
Jimmy: **¿Hicieron su elección?**
Carla: **Me gustaría un poco de sopa de pollo**, por favor.
Jimmy: ¿Y ustedes, caballeros?
Martin: Yo tomaré lo mismo.
Agustín: Quisiera una ensalada de pasta, por favor.
Jimmy: ¿Y usted, señor?
John: **¿Cuáles son las especialidades de hoy?**
Jimmy: Risotto o gratinado con queso.
John: Quisiera un gratinado con queso, por favor.
Jimmy: Bueno, señores. ¿Les apetecería algo más?
Carla: Sí, un plátano flameado como postre para mí, por favor.
Jimmy: Y ustedes, caballeros, ¿quieren algo de postre?
John: No, gracias.
Agustín: Yo tampoco, nada de postre.
Martin: Yo tampoco.

Jimmy se aleja. Quince minutos después, vuelve con los **platos ordenados.**
Jimmy: ¡Qué aprovechen! Si quieren pedir algo más, no duden en llamarme.

Los cuatro jóvenes agradecen al camarero y comienzan a comer. Durante la cena, **Agustín habla.**

Agustín: **¡Vamos a brindar por nuestra amistad!**

Seguidamente, Jimmy trae el postre de Carla. Luego los cuatro amigos hablan de sus próximas vacaciones por una hora. John pide la **cuenta** y paga. Luego sale del restaurante con sus amigos. John deja una generosa **propina** al camarero.

Agustín: **¿A dónde vamos ahora?**

Carla: **Yo estoy muy cansada**. Voy a mi casa ¡Buenas noches, chicos!

Juan: ¡Gracias! Buenas noches, Carla.

Martin: Yo también me voy a casa. Yo trabajo mañana. ¡Adiós!

John y Augustin: ¡Buenas noches, Martin!

Agustín: **Ahora estamos solos**, John. ¿Cuál es el programa de esta noche?

John: Tengo el DVD de una película recién estrenada. Podemos ir a casa y ver la película juntos.

Agustín: ¡De acuerdo!

Vocabolario

¿Qué vas a hacer esta noche?	Che fai stasera?
Me quedo en casa	Rimarrò a casa
¿Qué pasa?	Come mai?
Tengo un anuncio muy especial que hacer	Ho un annuncio molto speciale da fare
¡Hasta pronto!	Ci vediamo stasera!
¿Dónde estás?	Dove sei?
¿A qué hora sales del trabajo?	A che ora finisci di lavorare?
¿Quieres salir esta noche?	Vuoi uscire stasera?
No tengo demasiado dinero	Non ho tanti soldi
No te preocupes	Non preoccuparti
Te invito yo	Sono io che ti invito
Pero me haces sentir un poco incómoda	Mi metti un po' a disagio
Tengo algo importante que decirte	Ho qualcosa di importante da dirti
¿Son buenas noticias?	È una bella notizia?
No llegues tarde	Non tardare
¿Estás libre esta noche?	Sei libero stasera?
Esperar (Carla y Martin nos estarán esperando)	Aspettare (Carla e Martin ci aspettano)
Largo vestido	Vestito lungo
¿Qué puedo hacer para usted?	Cosa posso fare per lei?
¿Querríamos una mesa para cenar, por favor?	Possiamo avere un tavolo per la cena?
¿Tienen una reserva?	Avete una prenotazione?
Su mesa estará lista en unos minutos	Il vostro tavolo sarà pronto in pochi minuti
¿Podríamos tener una mesa cerca de la ventana?	Potremmo avere un tavolo vicino alla finestra?
Cuatro jóvenes	Quattro giovani
¿Quieren seguirme, por favor?	Seguitemi, gentilmente

Los menus	I menu
¿Quieren algo para beber primero?	Preferireste qualcosa da bere prima?
Vamos a divertirnos un poco	Divertiamoci un po '
Os dejaré adivinar	Vi farò indovinare
Vas a tener un bebé	Avrai un bambino
Tienes un aumento	Hai ottenuto un aumento
Sacerdote	Sacerdote
Eres graciosa	Sei divertente
Gran fortuna	Grande fortuna
Casi	È quasi così
Vale, os lo diré	Va bene, ve lo dirò
¡Gané la lotería!	Ho vinto la lotteria!
No estoy bromeando	Non sto scherzando
¿Cuánto ganaste?	Quanto hai vinto?
Guardo esa información para mí	Tengo questa informazione per me
Siempre estáis ahí para apoyarme	Siete sempre lì a sostenermi
Buenos y malos tiempos	Tempi buoni che in quelli cattivi
Yo pago todos los gastos	Pagherò io tutte le spese
No tienes por qué que hacer eso	Non devi farlo
Pero yo quiero	Ma voglio farlo
No te sientas incómodo	Non dovete essere imbarazzati
Vamos a llamarlo un regalo de agradecimiento	Chiamiamolo solo un regalo di ringraziamento
Muy bien, ¡estoy dentro!	Va bene, ci sto
¿Hicieron su elección?	Avete fatto la vostra scelta?
Me gustaría un poco de sopa de pollo	Vorrei della zuppa di pollo
¿Cuáles son las especialidades de hoy?	Quali sono le offerte speciali di oggi?
Platos ordenados	Piatto(i) ordinato(i)

Agustín habla	Parla Augustin
¡Vamos a brindar por nuestra amistad!	Brindiamo all'amicizia
Cuenta	Conto
Propina	Mancia
¿A dónde vamos ahora?	Allora, dove andiamo ora?
Yo estoy muy cansada	Sono molto stanca
Ahora estamos solos	Ora siamo gli unici rimasti

Storia 10: Una Serata tra Amici

John: Ciao!
Martin: Ciao John! Come stai?
John: Bene, grazie. E tu?
Martin: Bene.
John: **Che fai stasera?**
Martin: **Rimarrò a casa**, perché?
John: Sei invitato al ristorante stasera, tu, Augustin e Carla.
Martin: Va bene. **Come mai?**
John: **Ho un annuncio molto speciale da fare**.
Martin: Qual è la novità?
John: Sii paziente, te lo dico stasera.
Martin: Va bene!
John: Al ristorante "Feed" stasera alle otto in punto.
Martin: Ok! Ci vediamo stasera!

John: Ciao! Ciao Carla!
Carla: Ciao John!
John: **Dove sei?**
Carla: A lavoro.
John: **A che ora finisci di lavorare?**
Carla: Verso le sei. Perché?
John: **Vuoi uscire stasera?**
Carla: No grazie. Sono stanca. Vado a casa a dormire stasera.
John: No, non dormirai. Stasera andiamo al ristorante.
Carla: Me e te?
John: No, siamo in quattro, con Augustin e Martin.
Carla: Ma **non ho tanti soldi** adesso.
John: **Non preoccuparti. Sono io che ti invito**.
Carla: Grazie. Ma **mi metti un po' a disagio**
John: Dai, Carla. **Ho qualcosa di importante da dirti**. A te e agli altri.
Carla: **È una bella notizia?**
John: Sì, è una bella notizia.
Carla: Mi hai incuriosito. Ok, vengo al ristorante con te stasera.

John: Grazie Carla! Ci vediamo stasera allora! Al ristorante "Feed" alle venti in punto. **Non tardare**.

John: Ciao Augustin!
Augustin: Ciao John!
John: **Sei libero stasera?**
Augustin: Sì, è venerdì. Mi piacerebbe uscire stasera, per rilassarmi.
John: Perfetto. Ti vengo a prendere alle sette e un quarto. **Carla e Martin ci aspettano** al ristorante alle otto in punto.

Carla ritorna alle sei e dieci. Fa una doccia e indossa un **vestito lungo** blu. Arriva al ristorante alle diciannove e cinquanta. John, Augustin e Martin arrivano cinque minuti dopo. John va alla reception.

John: Buonasera signora!
Suzie: Buona sera signore, **cosa posso fare per lei?**
John: **Possiamo avere un tavolo per la cena,** per favore?
Suzie: Sì, naturalmente. **Avete una prenotazione?**
John: No, non abbiamo prenotato.
Suzie: **Il vostro tavolo sarà pronto in pochi minuti**.
John: Grazie signora.
Carla: **Potremmo avere un tavolo vicino alla finestra**, per favore?
Suzie: Ovviamente!

Sette minuti dopo, un cameriere chiama i **quattro giovani**.

Jimmy: Il vostro tavolo è pronto. **Seguitemi, gentilmente.**

John, Carla, Martin e Augustin si siedono al loro tavolo.

Jimmy: Buonasera signore e signori. Mi chiamo Jimmy. Sarò io a servirvi questa sera.

Jimmy dà **i menu** ai giovani.
Jimmy: **Preferireste qualcosa da bere prima?**
John: Sì, vorremmo una bottiglia del vostro miglior champagne, per cortesia.

Jimmy porta una bottiglia di champagne.

Martin: Quindi, John. Qual è questa grande notizia che devi darci?
John: **Divertiamoci un po**. **Vi farò indovinare.**
Carla: Ti sposerai.
John: No.
Carla: **Avrai un bambino.**
John: No.
Martin: Lavorerai all'estero.
John: No.
Augustin: **Hai ottenuto un aumento.**
John: No.
Carla: Diventerai **sacerdote**.
John: No.
Martin: Cambierai carriera!
Carla: E diventerai una rockstar!
John: No e no. Carla **sei divertente**. E hai molta immaginazione.
Augustin: Hai ereditato una **grande fortuna**!
John: No, ma è quasi così, Augustine! **Va bene, ve lo dirò. Ho vinto la lotteria!**
Augustin, Martin e Carla: Veramente?
John: Sì, **non sto scherzando**. Ho davvero vinto la lotteria!
Martin: **Quanto hai vinto?**
John: **Tengo questa informazione per me.** Ma ve li godrete tutti questi soldi!
Carla: Perché e come?
John: Perché siete i miei migliori amici. **Siete sempre lì a sostenermi** sia nei **tempi buoni che in quelli cattivi**. Andremo in vacanza insieme per due settimane. **Pagherò io tutte le spese.**
Martin: Sei serio, John?
John: Sì!
Augustin: Ma lo sai, **non devi farlo**.
John: **Ma voglio farlo**. **Non dovete essere imbarazzati.** Vorrei ringraziarvi per la vostra sincera amicizia. **Chiamiamolo solo un regalo di ringraziamento.**
Carla: Grazie per averci regalato questo viaggio! Ci sono!
Augustin: Anche io.
John: E tu, Martin?

Martin: **Va bene, ci sto!**
John: Grazie miei cari amici!

Jimmy si avvicina al loro tavolo.
Jimmy: **Avete fatto la vostra scelta?**
Carla: **Vorrei della zuppa di pollo**, gentilmente.
Jimmy: E voi, signori?
Martin: Prenderò lo stesso.
Augustin: Vorrei un'insalata di pasta, per cortesia.
Jimmy: E lei, signore?
John: **Quali sono le offerte speciali di oggi?**
Jimmy: Risotto o gratin al formaggio.
John: Vorrei un gratin di formaggio, per cortesia.
Jimmy: Bene, signore. Desiderate altro?
Carla: Sì, vorrei una banana flambé come dessert, gentilmente.
Jimmy: E voi, signori, gradite un dolce?
John: No, grazie.
Augustin: No, per me niente dessert.
Martin: Neanche per me.

Jimmy si allontana. Quindici minuti dopo, ritorna coi **piatti ordinati**.
Jimmy: Buon appetito! Se volete ordinare altro, non esitate a chiamarmi.

I quattro giovani ringraziano il cameriere e iniziano a mangiare. Durante la cena, **parla Augustin.**

Augustin: **Brindiamo all'amicizia!**

Più tardi, Jimmy porta il dolce di Carla. Quindi i quattro amici discutono della loro prossima vacanza per un'ora. John chiede il **conto**. Lo paga. Quindi lascia il ristorante coi suoi amici. John lascia una generosa **mancia** al cameriere.

Augustin: **Allora, dove andiamo ora?**
Carla: **Sono molto stanca.** Vado a casa. Buonanotte ragazzi!
John: Grazie! Buonanotte Carla!
Martin: Anch'io andrò a casa. Lavoro domani. A presto!

John e Augustin: Notte, Martin!

Augustin: **Ora siamo gli unici rimasti**, John. Qual è il programma stasera?

John: Ho il DVD di un film uscito da poco. Possiamo andare a casa e guardarlo insieme.

Augustin: Ci sto!